台州文獻叢書

台州叢書甲集

[清]宋世犖 輯

三

上海古籍出版社

見聞隨筆

[清]馮甦　撰
胡正武　點校

點校說明

馮甦（一六二八—一六九二）字再來，號蒿庵[一]，清浙江省台州府臨海縣（今浙江省臨海市）人。早慧，六歲即能屬對，後「應郡邑試輒前列」，順治丁酉（一六五七）中舉。戊戌（一六五八）進士及第[二]，釋褐授永昌（今雲南省保山市）軍民府推官。永昌府在元朝至元二十三年（一二八六）置金齒等處宣撫司，明洪武十五年（一三八二）於永昌府又置金齒衛，故馮甦自稱「予小子承乏理金齒三稔矣，幸得免覆餗」[三]。上任伊始，適逢征緬軍旋師，又遇到饑荒，馮甦力主請求開騰越（今雲南騰衝）倉積粟分予饑民，救濟保護災民無數。由於金齒之地明末爲張獻忠餘部孫可望、李定國等所據多年，府城中漢族百姓子女被擄掠到蠻彝村寨中爲奴婢者很多，馮甦勸導彝民頭目，使之全部放歸。金齒任滿後，陞爲澂江（治今雲南澄江縣）府同知管知府事，當時吴三桂已經被封爲平西王，手下大小軍官牧馬各郡邑，侵犯百姓，民敢怒不敢言，馮甦斥責之，無人再敢犯境。吴三桂平西王府每年向各郡邑買豆麥，止給半價，却要加倍斗量，還要各地運送到省會。馮甦哀百姓之多艱，爲紓民困而不避艱險，痛下決心革除此種弊端，因而幹練能吏之聲望鵲起。晉陞爲楚雄（今雲南楚雄彝族自治州）知府，並兼攝大理府及臨沅臬司諸篆，均有惠民之舉措，爲此前積壓冤獄平反，甚得民心。轄下有三人被殺，很久找不到兇手，馮甦追根究底，找到真兇是吴三桂手下陳理，將陳判處死刑，被百姓尊爲神人。馮甦在任上敢作敢爲，果敢幹練，也爲吴三桂所青睞。然吴三桂準備反清之計爲馮甦所察覺，即安排其妻送母返回臨海老家，吴三桂派人追回，并將馮甦拘禁，其母驚悸而死。馮甦爲脱牢籠，乃表示願意出使廣東，聯合尚可喜一起反清，爲吴三桂所肯。遂前往廣東，出任廣東巡撫，暗中遊説尚可喜之子尚之信投向朝廷；後來清軍向雲南開進途中，多得馮甦指授方略，順利平叛，爲清廷建立殊勳。康熙皇帝勅諭實授馮甦爲廣東巡撫，旋徵還朝廷，除刑部右侍郎，翌年轉爲刑部左侍郎。在任清理積案，平反寃獄，爲康熙皇帝所賞識。曾充任殿試讀卷官，於乾清宫應制賦詩，馮甦第一個完成，「上更稱善，傳示公卿」。康熙二十年清兵入滇，請皇帝下令將軍、督撫查發馮甦母櫬、眷屬，幸得以完聚。於是「抗疏陳情」，解組辭榮，還歸鄉里。名其居曰「知還堂」，其亭曰「芳敘」，與友人觴詠其中，自得其樂。

馮甦一生勤於著述，無論在官時，還是歸家後，均有多種著作寫成，計有《滇考》、《滇行紀聞》、《撫粤日記》、《劫灰録》、《奏議》、《台考》、《見聞隨筆》、《語石園稿》、《知還堂稿》以及《楚雄府志》、《台州府志》等。《清史稿·藝文志》著録即有《滇考》二卷、《見聞隨筆》二卷、《蒿庵集》五卷、《台州府志》十八卷。《雍正浙江通志》（卷二百五十一《經籍》十一）著録有《語石園稿》二卷、《南枝集》四卷。足見馮甦學之博，才之高。

《見聞隨筆》二卷問世以後，以其所記史料珍貴，多爲此前野史筆記所未載，而爲此後正史所取材，故流傳雖然不甚廣，而學者評價較高，見重士林，《四庫全書總目提要》稱是書「首載李自成、張獻忠傳，次敘永明王竊號始末，次載何騰蛟、堵允錫、瞿式耜、張同敞、陳子壯、張家玉、陳邦彦、李元允、李乾德、楊展、王祥、皮熊、楊畏知、沐天波、李定國十五人傳」云云。而此書之撰寫，乃爲朝廷開局編纂《明史》提供史料，尤其是明末李自成、張獻忠及其部屬轉戰西南事蹟，蓋爲國史館所亟需者也。故當時任《明史》總裁葉方藹「以甦久宦雲南，詢以西南事實」，馮甦即感事情重大，「因摭所記憶，述爲此編，以送史館」。此後由翰林院檢討著名學者蕭山毛奇齡分纂《明史·流寇傳》，其内容即悉取材於此書。因馮甦平時留心天下治亂得失，他搜集研究前朝興衰史實，爲本朝「開成令範，足備儀型」，雖然生長於東南，「聞流賊之爲禍，思得觀其事實」。故隨其仕宦經歷「遊蹟所至，每與楚豫秦蜀士大夫遊，悉心咨訪，記之篋笥」（馮甦《明末兩渠賊傳序》，下引亦同）。適逢任職金齒時距流寇之覆滅甚近，而滇蜀爲流寇盤踞縱横多年之地，史稱張獻忠屠蜀慘絶人寰。張獻忠覆滅後，其餘部則「堅持鬥爭」，在蜀、滇、黔、湘、贛、粤、桂等廣大地區，先後與南明軍隊、清兵作戰，艱苦卓絶，可歌可泣，許多事蹟尚流傳於各階層人士口頭，馮甦有意識地加以搜集記録，是《見聞隨筆》寫作之基礎。還有其地方官府文告及其檔案亦必多有過目者，「他及郡志野史，坊歌巷説，咸爲辨其真僞，核其先後，稍加詮次，爲自成、獻忠傳二篇」，所以《見聞隨筆》所述多爲人所罕知鮮見之事，真實生動，有血有肉，爲後世留下不可多得之史料，以及研究之課題。馮甦自己陳述寫作之意，「于二寇盛衰勝負之故，次第可考。而一時朝廷用舍之是非，封疆勦撫之得失，亦互見於其間焉」。《四庫提要》評價此書説「以視稗野之荒誕者，較爲確實」，可謂評得適當。馮甦一生著述甚豐，然收入《四庫全書》被吸收編入國史者實以此書與《滇考》爲最重要。馮甦此兩種著作還被清人其他目録學著作收録，如官書《皇朝文獻通考》：「《滇考》二卷，《見聞隨筆》二卷。馮甦撰。甦字再來，臨海人，順治戊戌進士，官至刑部侍郎。」又如官書《皇朝通志》卷九十九載：「《見聞隨筆》二卷，馮甦撰。」私家藏書目録亦有收録，如清末四大藏書家之一杭州丁丙《八千卷樓書目》卷四史部收録馮甦《見聞隨筆》、《滇考》等等，均可考見當時傳播與影響情況之一斑。

《見聞隨筆》在坊間傳播較廣之本，係嘉慶二十一年（一八一六）由邑人宋世犖收入《台州叢書》甲集之本。但此後則未見再版，流傳版本稀少，迄今幾無其他校本可供比勘。本次點校，即以宋世犖《台州叢書》甲集《見聞隨筆》二卷爲底本，底本書口刊有「臨海宋氏重梓」字樣，每半葉十行（列），行二十一字，宋體，刻工上佳。惟該本卷首與卷尾有蠹蝕漫漶，且有刷印欠勻處。此次整理，凡有總集、他人文集别集、野史筆記取材於是書者，則取以校勘。又《中國基本古籍庫》所收《見聞隨筆》與底本同爲《台州叢書》甲集本，故此次點校中據以補正底本蠹蝕漫漶文字，不另外出校，特此説明。點校中較爲重要者有以下數條：

一、凡遇當朝或前朝帝王等避諱字，則視不同情況作不同處理：由缺筆避諱者，如「丘」字缺倒數第二筆，「胤」字缺末筆，「玄」字缺末筆等等，其他從玄得聲之字如「炫」字亦然，一律改回，以便省覽，并出校記説明；若校本避諱與底本不同者，於校記中交代之。由改字避諱者，如「邦」改成「國」，「民」改成「人」，「玄」改成「元」等等，本書中如「元奘」即唐僧玄奘，「范煜」即《後漢書》作者范曄，以避清聖祖康熙玄燁諱而改之類，一律不改，出校記説明理由。由空圍「□」和空字避諱者，均保留原貌不改，出校記説明。由「某某嫌名」等注文説明避諱者，亦保留原貌，出校記説明。

二、凡古人行文中遇皇帝、朝廷等爲示敬意而换行、或空一字兩字等處，則一律改爲不换行、不空字。

三、底本印刷空白或者蠹蝕漫漶之字，若有他本可校者，則以他本校補之；若無他本可校，則以空圍「□」表示之。

四、底本文字有與他人别集相同者，則亦據他人别集校勘之。如《見聞隨筆敘》爲清毛奇齡所撰，則引毛奇齡集校勘之。

五、雕板文字有形近數字混而不辨者，如「已」「己」「巳」常不加分别；「戌」「戍」不分，常以「戍」代「戌」，是其著例；復如從竹從艸之字往往迭出，「荅」又作「苔」，「等」又作「䓁」之類；從扌從木每每混用，如「構」又作「搆」，「栝」又作「括」之類。此次校點時遇「已」「己」

「巳」，則以上下文意斷而分之。遇「戌」「戍」相混時，則於開始時以校勘記説明之。其餘前賢混而不甚分别之習慣寫法、俗體之字，凡不礙於文義解讀者則概予保留，以存原貌。

由於點校者學殖淺薄，識見有限，綆短汲深，管窺蠡測，雖以臨深履薄、刻苦砥礪之心從事之，然而難免掛一漏萬。海内外方家通人，有以教正爲幸。

臨海菊筠齋胡正武謹識

【注】

[一] 馮甦字再來號蒿菴：按《湧泉馮氏族譜·司寇公傳》稱馮甦「字孟成，又字再來，號蒿菴」，則孟成當爲馮氏原名之字，只是原名無從稽考。據清毛奇齡《西河集》卷二十三《箋》十六稱清兵南下浙東時，「台州馮甦爲亂兵所殺，視同時見殺有未絶脰者（即未被砍斷頭頸之人），魂憑之甦，因名甦，字更生，别字再來」云云。毛奇齡既與馮甦爲同時人，又屬浙江同鄉，爲馮甦《見聞隨筆》作序，對馮甦生平當有所知者，毛氏稱馮甦借别人之魂靈還生，似屬神話，然則馮氏早年遭遇重大險情，性命交關，則當爲可信。因此其字孟成，蓋爲馮甦遇險前原名之字，如譜名之字，可能性極大，觀其弟馮篆字孟水，可以推知也。「更生」也好，「再來」也好，與「甦」字之義相配極其密合，自是死而復甦之後事情。雲南省文史研究館、雲南省人民政府參事室《滇考校註》

前言中稱「馮甦原名馮再來，據毛奇齡《西河集》記載，因其死而復生，乃更名馮甦，字蒿菴」云云，恐怕對上述材料未作深考，是臆想之詞，於理未安。

[二] 馮甦進士及第時間爲清順治戊戌年（一六五八），而清台州知府張聯元（張於康熙五十一年上任）《天台山全志》卷十五在《天台紀遊并序》前作者簡介中稱馮甦「臨海人，字再來，順治己亥（一六五九）進士，官至刑部侍郎」云云，則易引起誤會。《湧泉馮氏族譜》稱馮甦「至丁酉、戊戌聯捷兩闈，釋褐永昌司理」，因兩年聯捷，故特地寫上一筆，不會中間間隔一年而說「聯捷兩闈」。清毛奇齡《西河集》卷二十三《箋》十六亦稱馮甦「丁酉、戊戌聯中式」。《四庫提要》：「甦字再來，臨海人，順治戊戌進士，官至刑部侍郎。」《台州府志》馮甦傳稱「順治十四年舉於鄉，明年成進士」，《臨海縣志》馮甦傳稱「以明季諸生中順治丁酉舉人、戊戌進士」，當可依據。張聯元蓋偶誤記耳。《兩浙輶軒録》卷一載，馮甦字再來，號蒿庵，臨海人。順治戊戌進士，由永昌推官歷官至廣東巡撫，晉刑部左侍郎，著《蒿庵詩鈔》。杜臻《墓誌銘》略曰：「康熙己未殿試，少司寇充讀卷官，竣事，上賜茶乾清宮，命與少宰張繡紫、少司馬孫怍庭等各賦詩。少司寇詩先就，有『還看景運息戈鋋』之句，上諭『鋋』字稍生，少司寇伏奏云：因杜有『戈鋋明雪色』語，後人相沿押用。上復論險韻，排律用之不妨，律詩似宜他擇。即面奏改云：『定有鄒枚供視草，還看房魏畫凌烟。』上首肯稱善。既出，同官盛傳誦。施侍講愚山有句云：『受詔近傳新句好，親承天寵與深論。』蓋指此也。」諸錦曰：馮公守澂江，會滇藩構逆，公力抗不屈，被縶，後以計紿逆至廣，用蠟書挈全粵地歸朝，帝嘉其忠，授粵東開府。王師入滇，多用其策，逆氛以靖。

[三] 金齒：地名。約指今雲南瀾滄江到保山、騰衝一帶。《元史·世祖紀三》：「(至元四年九月)庚戌，遣雲南王，忽哥赤鎮大理……金齒等處。」明宋應星《天工開物·寶》：「凡寶石皆出井中，西番諸域最盛。中國惟出雲南金齒衛與麗江兩處。」鍾廣言注：「金齒衛，指雲南瀾滄江到保山、騰衝一帶地區。」清趙翼《易羅池》詩：「萬里吟鞭到金齒，誰知山名適相似。」

目録

重刻見聞隨筆敘

同邑馮再來侍郎《見聞隨筆》二卷，臚宦轍之睹聞，資史館之甄擇，淋漓烟楮，感慨滄桑。余讀是書而不禁喟然也。夫以黑灰告劫，朱社將移，讖已兆於萬孫，賊驟興於八隊。闖、獻糾烏合之衆，跡起揭竿；逞狼噬之心，坐看移鼎。論殺掠則巢、權無此慘，論成就則勝、廣無此奇。當夫殺氣騰雲，妖氛掩日，九州有破竹之勢，千里無寸草之留。功在垂成，毒伊胡底？洎乎九宮碎首，一箭穿胸，一轉瞚之頃，一舉手之力，遂能制其死命，殲厥渠魁。固知修羅塵劫之難逃，抑亦聖朝埽除之所假也。而一時螳奮孤臣，蛙張義士，崦嵫已落，猶揮薄暮之戈；棟宇全傾，尚挾孤撐之柱。籲穆王以安在，三千士盡化蟲沙；召田橫而不來，五百人甘投鯨島。自外龠山之玉帛，屢煩因壘之干戈。若何騰蛟堵允錫瞿式耜沐天波諸人，跋履偏隅，支持殘局，一身似葉，萬死如飴。愚公則志在移山，精衛則魂猶填海。斜封墨敕，朕呼狗脚之時；朱履藍袍，臣抱龍髯之慟。張睢陽□城切齒[一]，那知石爛天枯？馬伏波荒徼裹尸，不避蠻烟□雨。良以詩書夙習，茅土世承，一擔綱常，千秋名教，忠□所事，分有固然。彼李定國者，本逆賊之爪牙，醜形天之面目，乃能幡然改正，盡焉勤王。目不知書，心惟報國。碙崖已覆，猶奉塊肉於一君；懷愍不還，終効捐軀於九殞。填魑魅之鄉而不悔，竭犬馬而是書之力而不辭。志節如申包胥，心跡如張世傑。亦可見桑榆之非晚，松柏之有真矣。以云秘笈，獨能挈其綱維，析其顛末，長蛇封豕，徵往事於前車；賸水殘山，話遺踪於半壁。誰曰不然？載付鐫梨，我遑敢後？爰取家藏鈔本，與友人郭石齋叶寅鈔本、徐煦莽育刻本殘帙，付門人彭雲臣瑣、嚴一士謂互校一過而梓之。司鈔録者兒子興洲例得附書。時嘉慶二十有一年歲在柔兆困敦夏四月哉生明，文林郎知陝西鳳翔府扶風縣事臨海宋世犖譔。[三]

【校勘記】

[一]「城」字上，及下文「雨」字上、「所」字上均因底本漫漶各缺一字。

[三]底本篇末鈐有「宋世犖印」陰文方印和「扶風令」陽文方印。

見聞隨筆敘

西河後學毛奇齡大可氏譔[一]

《見聞隨筆》者，司寇馮先生所著書也。其一卷爲《兩渠傳》[二]，所紀闖、獻始末，自起迄敗，以爲凡有國者所鑒戒，而兩賊分列，較尤詳於獻賊入蜀暨夔東割據以後[三]。蓋是時神州陸沉，天下之能言其事者寡矣。會天子開館脩前代史書，詔徵獻賢所記識者，在京朝大小了無一應。獨先生所著裒然捆載，爲一時所未有。

夫西南之變亂極矣。自茶陵喪師，蠶叢失守，益南萬里喋血者數十年[四]。而先生筮仕適當其地[五]，由郡讞以至開府[六]，中間所歷，灤滄路賧，山川風物，傍及古今興喪得失之故，無不摭其前聞，而驗所近見。即記載傳會[七]，必從考覈辨定，以取傳信。故先生之書，其爲前史所取資者叢薈無算，而是書其一也。

予承乏史職，闖題給札，適得土司盜賊諸傳，因獲盡讀先生所著書，知先生留心國事，所在詳審。諸凡廟算曲直，戎律脩短，地勢陂險[八]，技擊疏覈，征繕堅隳，傳發紆促，軒軒乎瞭若指掌。至若野稗之訛舛，評隲之偏頗，抑何其考晰不憚煩也[九]。自漢唐迄明，代有盜賊，初不過販鹽撒豆，呼狐盜驢，如刁子都、瓜田儀、許生、吕母以逮青犢、白騎、長垣、宛句之輩，究之竊地僭號，貽禍數世，亦云已劇。然未有豗喪人國，痛毒萬姓[一〇]，櫟揃骨肉[一一]，屠殰胎卵，如禽獮草薙，焚山竭澤似此甚者。此本循蜚以來一大混沌，而巖廊乏策，閫帥失制，一切簡稽摺挺，號失撝奮[一二]，不早爲撲滅，坐致此極。而中外大小，合一時帖括之士[一三]，旦暮以門户齮齕[一四]，狺狺嗷嗷，以至于敗亡，而徒使有志君子，把筆留連[一五]，咨嗟感嘆，而究無如之何也。後之讀之者，可以興矣[一六]。

【校勘記】

[一] 此敘署名，《四庫全書》本毛奇齡《西河集》卷四十六《序》二十三作「翰林院檢討毛奇齡」，其標題作「馮司寇《見聞隨筆》序」。以下《西河集》具據四庫本。

[二] 此句《西河集》作「一名《兩渠傳》」。

[三] 此句《西河集》作「大抵紀闖、獻始末，而二賊分列，尤詳于獻賊入蜀暨夔東割據以後」。

[四] 益：《西河集》作「夔」。

[五] 箠：《西河集》作「歷」。

[六] 郡讞以至開府：《西河集》作「推官以至巡撫」。

[七] 傳：《西河集》作「附」。

［八］陂險：《西河集》作「平陂」。
［九］晰：《西河集》作「析」。
［一〇］痛：《西河集》作「痡」。
［一一］檏揃：原作「襆蒯」，據《西河集》改。
［一二］失：《西河集》作「矢」。
［一三］帖括：《西河集》作「八比」。
［一四］旦暮：底本作「且暮」，形近誤，《西河集》作「旦暮」，是，因據改。
［一五］留：《西河集》作「流」。
［一六］興：《西河集》作「觀」。

見聞隨筆序

從來有天下者，變起於奸佞之擅權，釀成於寇賊之流毒，竟至沉迷傾覆而莫能挽，而有明末季可鑒。代爲挽之者，其中意見之異同，邪正之向背，疑忌之交作，寵辱之介懷，而有明末季可鑒。閲吾友司寇公再來所載閶、獻醜情，比比皆然。性殘暴殺人，則爲斯世禍胎焉。永明之戴，歎不君矣。又續及何、堵諸忠節雜傳，譬則白日既移，鄰光微映；狂瀾已倒，沼水仍渟。俾聞之者規勸，其立法深且遠也。孔子筆削《春秋》，大旨在善善惡惡。凡予奪征討，借天子之權，以申天子之令。故《春秋》治世之意，乃亂世之資也。天當明末，兩渠作難，蹂躪城池，開聖朝景命於前；肇慶僭號，緬甸歸俘，大一統規模於後。故《見聞録》亂世之意，乃治世之資也。紀事以循其實，駁難以正其差，沿流以議其失，尋源以窺其得，豈徒攡揚雲霧，啅嘶飛走，侈一時瀏覽已哉？再來幼業帖括，便肆力於遷、固諸史氏，且留心時政，盱衡民生，利病安危，未嘗不扼腕再四。同學以大丈夫子期。及官滇南，循卓盡職，滇山川險易，風俗淳澆，戶口盈縮，兵賦加汰，人物隱顯，從郡邑志外，傳所未傳，論所未論。歷有《滇考》

年家眷同學弟何紘度拜譔

諸編，炫人耳目[一]，夥矣。地聯楚、豫、秦、蜀、黔、粤，一切搜究周悉，興來赤壁，感入華亭，萑澤喜銷太叔之兵，竹書看發安釐之冢。得巨孽黨與，勝國子孫，細蹟顛末，握管而條縷之，贊助史局，裒益舊聞，功非纖淺。時宗伯葉公總裁《明史》，知再來之履斯地，熟諳斯實事也，至司寇署，諮訪諄篤，口談手授，上堪藏諸石室蘭臺，迄今梓示里社同人，下亦無取稗官野說。雖然，吳季札聘魯，博通先朝典故，識者稱其閎覽洽聞，賢於子產、叔向輩，素知有文獻也。由滇及楚、豫、秦、蜀、黔、粤，人出干戈擾攘後，敦禮樂，通書軌，再來於文獻竊幸徵之，足矣！

【校勘記】

[一] 炫：底本因避清康熙帝玄燁諱作闕末筆，今改回正字。下同。

見聞隨筆卷之一

臨海馮甦再來著

明末兩渠賊傳序

凡一朝之興，無不訪求前代事實，以推論其興衰之由，匪徒開成令範，足備儀型，即在傾覆前車，亦資懲誡。故曰鑒於有夏，鑒於有殷。又曰殷鑒不遠，在夏后之世。由來尚矣！明有天下幾三百年，而卒亡於流賊。當武廟時，劉六、趙風子之流，屠毒兗、豫，幾成燎原，以祖宗遺澤尚存，旋即撲滅。至神宗倦勤，紀綱廢弛，重以嗣君短祚，孫謀不臧，閹宦擅權，正人誅斥。崇禎初年，寇盜蠭起，漸至三十六營、七十二營之多，竭天下之力以圖之，隨息隨熾。迨開縣告敗，洛城不守，自成、獻忠分擾江河南北，而明以亡焉。蓋天下治久必亂，亂必有所釀以成；亂極必治，治必有所因以致。禍亂之生，皆天之所以開聖人也。

當神宗中年，我太祖皇帝龍興遼水，景命有僕。太宗皇帝嗣之以寬仁，遠近向附。語曰：「不有所廢，將何以興？」然則明之亡，非自成、獻忠之能亡之，乃天命有歸，時產二寇爲之驅除禍難耳。雖然，運數去留固由天命，亦寧非人事哉？甦生長東南，聞流賊之爲禍，思得觀其事實。遊蹟所至，每與楚、豫、秦、蜀士大夫遊，悉心咨訪，記之篋笥。他及郡志野史，坊歌巷説，咸爲辨其真僞，核其先後，稍加詮次，爲自成、獻忠傳二篇。其于二寇盛衰勝負之故，次第可考。而一時朝廷用舍之是非，封疆勦撫之得失，亦互見於其間焉。溯自常侍寵而大賢良師之教興，阿父專而衝天將軍之亂起。後世推原禍始，魏豎無所逃其誅。若懷宗之摧殛巨奸，孜孜求治，初非有驪山之役，江都之遊，足召大澤、瓦崗之變也。唯知人未明，責效太急，俾折衝禦侮之臣無復効謀國久遠之忠，而爭爲目前迎合之計。於是露布時聞，醜徒尚聚，受降頻築，烽急隨傳，日積月深，遂不可救。亦未始非廟算之失也。

今我皇上心存鑒古，辟召宇内詞臣，發秘笈，搜遺聞，記載討論，昭垂法戒。譬之雲璈合奏，何藉孤絃？函牛大烹，寧須片臠？而兵燹之餘，載筆者寡，傳聞異詞，甦之此傳非敢希藏之名山，聊以備作者之採擇云爾。且聞世祖皇帝定鼎燕京，首嘉殉國諸臣，錫之爵謚，而在外守職不撓，身膏鋒鏑者多淹沒不傳。篇中詳爲采録，揆之封干表容，贈通祀闕之義，固當世所樂聞也。因并序而存之。

李自成傳

李自成，米脂人，小字磑生，居懷遠堡之李繼遷寨。父李守忠，娶金氏，無子。既以姪李自立爲嗣矣，禱於華山神，夢神告之曰：「以破軍星爲若子。」而生自成。父母異之，呼爲皇來兒，時明萬曆三十三年八月二十一日巳刻也。少不事事，喪父，爲酒家傭，日沈醉，主者逐之。業鍛，又不成。爲人耕，枕耒而臥。年二十餘，執役銀川驛。時關中連歲饑，軍餉缺額積一百三十八萬，復以科臣請裁驛站銀充餉，自成益無賴，嘗逋著姓艾子母錢，屢被箠執，數犯法。邑令晏子賓械而遊于市。妻韓氏，故娼也，與縣役盖君祿通。自成殺淫者，與姪李過亡命，投甘督梅之煥部下參將王國爲兵。國奉調過金縣，兵譁，自成縛縣令索餉，并殺國，遂反。是時宜川王左挂、神木王嘉允、靖邊神一元接踵起延安，各立名號。安塞人高迎祥者，於自成爲甥舅，亦糾逃兵、飢民爲亂，自號闖王。自成往從之，有「八隊闖將」之目。八隊者：一隊眼錢兒，二隊點燈子，三隊李晉王，四隊蝎子塊，五隊老張飛，六隊亂世王，七隊夜不收，八隊李自成也。名不甚著。

崇禎三年庚午，今大清天聰之四年也，賊王嘉允由府谷清水走山西，總兵王國梁兵敗死，嘉允遂據河曲。

其明年辛未，總兵曹文詔等復河曲，嘉允南走至陽城，被殺，僞左丞白玉柱降，右丞紫金梁糾合衆賊爲三十六營，而闖王、闖將與八大王張獻忠等皆與焉。由三晉犯畿南，擾河北，曹文詔、左良玉、李卑、鄧玘等擊之，屢敗屢遁。

癸酉六月，鄧玘射紫金梁，殪之。

十一月二十四日，群賊于澠池乘水渡河，入盧氏山中，南走楚境，鄖西、上津俱破。甲戌春，連破襄荆各屬邑，遂入蜀。總督陳奇瑜、鄖撫盧象昇會兵追之，賊竄漢興，自成等遁入興安之車箱峽。峽四山巉立，中亙四十里。居民從其巔頹大石擊賊，又投以炬火，走路既絶，夏大雨，賊弓矢俱脫，馬乏芻，死者過半。自成窘甚，其黨顧君恩曰：「吾輩萬里掠婦女輜重，坐困窮山中，何不以之遠餌群帥，佯降而狡焉以遁也？」衆然之。遂因奇瑜左右奸弁以請，奇瑜許之，籍醜黨凡三萬六千人，上軍門勞遣解散。既出棧道，復殺掠，連破麟遊等七縣，令呂鳴世死之。別賊自略陽來合，分趨長平、鄜、涇間，臨、鞏、平凉俱告儆。奇瑜歸過於秦撫練國事，國事亦言奇瑜縱賊，俱被逮。

八月，自成破隴州，知州胡爾純不屈死。參將賀人龍亦米脂人，救隴被圍。自成令其黨高傑貽書約人龍俱反，不報，圍城久不拔。自成疑傑，令傑歸老營守纛。自成後妻邢氏掌軍資，賊日支糗糧鎧仗輒過氏營分合符驗。氏偉傑貌，因與之私，恒恐自成覺，謀歸降未定也。延撫洪承疇從甘鎮還，聞人龍急，自平凉遣左光先等帥師出華亭救之。以九月抵隴州，賊衆解去。明懷宗以承疇代奇瑜督秦晉楚豫蜀五省兵會剿，賊分爲三：一向慶陽，一趨鄖襄，一出關赴河南，連陷陳州、靈寶、盧氏、汜水等縣[二]。

乙亥春，會於滎陽者七十二營，而迎祥、獻忠與老𤞤𤞤、革里眼、左金王、曹操、改世王、射塌天、横天王、混十萬、過天星、九條龍、順天王等十三家爲首議所向。老𤞤𤞤欲渡河北入晉，獻忠以爲怯，面哂之，𤞤𤞤怒，自成解之曰：「吾兵且十倍官軍，雖關寧鐵騎至，無能爲也。宜分兵各隨所向立效，其利鈍舉聽之天。」衆曰：「善。」因列鬮而定。革、左南當楚師，横、混西迎秦軍，曹、過分屯滎、汜間，探中牟鄧尉以綴開歸河汝之兵，獻、闖專事東方，破城下邑，金帛子女惟均。老𤞤𤞤、九條龍爲遊徼，往來策應，恐西軍不敵，益以射塌天、改世王爲横、混後繼。

壬子，殺牛馬祭天，部署已定，自成與迎祥、獻忠等遂由固始夜薄霍邱，破壽、潁二州，殺故兵部尚書張鶴鳴，趨鳳陽，越紫金城而入，焚享殿，闢高牆，府衛各官死者四十一人，軍四千餘。獻忠先至，得響手小閹十二人，每飲，令奏樂。自成欲得之，獻忠不與。固請，乃毁樂器，以其人歸自成。自成怒，盡殺之。遂去，與迎祥走歸德、睢州。而獻忠南趨廬州。自成既入豫，與先留豫曹、過諸賊合，擾南陽、汝寧間。洪承疇至雒陽，賊復折入秦，分掠咸陽、長安、盩厔、鄠、商各邑。或從興漢陷寧羌、略陽，轉入臨鞏，關中大擾。洪承疇於四月八日會兵汝州，分布左良玉、湯九州、尤世威、徐來朝、陳永福、鄧玘、陳治邦、尤翟文、張應昌、許成名等設防各隘，自率賀人龍、劉成功入秦。二十八日次靈寶，曹文詔從南陽馳至，分遣由閿鄉取山徑至雒南擣賊巢，仍從山陽、鎮安入漢中，遏其奔逸。

五月六日，文詔率其兄子變蛟敗賊於商州。人龍、成功亦屢敗賊於鄜，賊走綱峪川，欲入豫，以內、淅有兵，復回雒南，走盧氏，扼於尤世威，仍入山中。而自成、迎祥、獻忠由西安徑犯鳳翔，過天星、蝎子塊圍平涼。報至，承疇渡河抵岐山，分道擊賊。賊大勢盡向靜寧、秦安。

六月十一日，官兵遇於亂馬川，前鋒中軍劉宏烈兵敗被執。十四日，復敗襄樂，副總兵艾萬年死之。張應昌、賀人龍追賊於清水，亦失利，賊屢勝，益驕。承疇不知所出，曹文詔憤踴請行。二十七日，遇賊於真寧之湫頭鎮，自成頗懼，不敢戰。亂世王請爲先鋒，自成喜。次日，亂世王居前，自成居中，過天星居後，曹變蛟先登，不勝；文詔隨至，過天星迎敵，自成與亂世王左右合擊之，官兵大敗，文詔自刎死。文詔、萬年並敢鬬，而文詔尤爲賊所憚，一時謠曰：「軍中有一曹，流賊聞之心膽搖。」至是敗沒，官軍爲之奪氣。賊由耀州走朝邑，折而北奔澄城、郃陽。承疇往復堵禦，而徐來朝、尤世威之兵遇賊亦盡潰，承疇益不振。鄖治盧象昇改撫全楚，旋晉五省總理，奉命如秦寇盡入豫，則承疇勦西北，象昇勦東南；如賊復入秦，則象昇入關合討。初，䧟賊久伏商洛，整齊王、掃地王、蝎子塊等復至，共出關，惟自成與迎祥獨留秦。

八月，自成陷咸陽，殺知縣趙躋昌。張應昌、左光先與戰，斬四百餘級，獲其軍師劉某。自成遁涇陽，官軍渡涇失利。二十四日，賊將高傑竊自成婦邢氏以降，遊擊孫可法挾以破賊。

九月，自成在乾州，陣失其弟，詭乞降于監軍道劉三顧，三顧知其詐，不許。真寧知縣王家永被紿見執。

十月，左光先擊敗之于高陵、富平間，斬四百四十有奇。迎祥自華陰南原絶大嶺夜出朱陽關，自成亦東走，左光先追之失利，曹變蛟陷堅力戰，賊悉衆盡薄閿鄉。蓋秦賊至是凡三出朱陽，惟自成最後。别隊已下淮楚，張獻忠尚在靈寶間，迎祥、自成復與之合。左良玉、祖寬東西禦之，不能支。

十一月，陜州陷，復進攻雒，救至，獻忠走嵩汝，迎祥、自成走偃師。祖寬連敗獻忠於嵩，獻忠憤甚，復糾自成、迎祥，聲言攻雒陽，遇祖寬於龍門白沙，寬力戰，大克之。象昇聞儆，親率李重鎮等赴援，連戰，殺千餘人，軍聲大振。

十二月，迎祥、自成東陷光州之南城。象昇次信陽，復敗之於確山，斬五百六十餘級。

丙子正月，自成攻廬州不克，復陷含山、和州，進攻江浦。知縣李維樾禦卻之。自成攻滁州，象昇遣祖寬、羅岱等疾馳大戰，自日出至晡，賊始北，追殺五里，橫尸枕籍。象昇自引楊世恩之兵大呼搏賊，斬級六百餘，獲馬騾無算。賊北走鳳陽，礮卻之，過河攻壽州，不克。

懷寧無城，被殘。漕撫朱大典以劉良佐、苗有昇等戰蒙城之陳摶橋，所殺傷相當，賊走亳，入歸德、永寧。豫撫陳必謙檄總兵祖大樂要之于穀熟集，大破之，賊走汴梁。陳永福兼程赴援。

二月，賊攻密縣，不利，趨登封，王進忠、周維墉敗之郜城鎮。賊走石陽關，與伊嵩之賊合，故總兵湯九州戰歿。賊分趨南陽，知府何騰蛟守城。豫撫陳必謙、總理盧象昇各率陳、祖、羅諸鎮兵至，大戰于七頂山，殲自成精鋭幾盡。

三月，迎祥、自成等從光化之羊皮灘南渡入鄖、襄，其留内、淅山中尚七營。象昇留軍搜討。高迎祥西走興漢石泉，由陳倉子午谷出窺西安。李自成偕混天星走南山，分道險隘，穿商、雒間，走慶陽鄉寧[二]。世犖案：二字有誤。

四月，犯鞏昌北境，左光先、曹變蛟敗之□固原之木家營[三]。自成走慶陽、環縣，至延西，敗官兵于□家山，所收士馬器械無算。遂從鄜州至綏德。混天星亦至，謀於綏德渡河入晉，不果。

五月，延綏總兵俞冲霄率兵迎擊於安定，兵敗，冲霄死。自成勢益强。洪承疇方擊過天星等於中部，破之，賊西奔蘭河，乞降於秦撫甘學闊。承疇以是月出關，與盧象昇會議。承疇率祖寬、李重鎮二軍入關，象昇分遣左良玉、陳永福、祖大樂等各守要隘防賊。賊之留豫者爲老狪狪、混十萬、整齊王等，出犯淅川，陳永福敗之。

七月，象昇赴襄陽，賊遂從淅川走汝、雒，在秦撫賊過天星等亦復叛，陷安定、華亭。甘學闖罷，孫傳庭代之。是月二十日，傳庭擊高迎祥于盩厔之黑水谷，生得迎祥及其黨黄龍、劉哲等三人，檻至京師，磔于市。先是，賊渠九十餘，惟闖王爲最强，廷論惟獲闖，餘賊不足平。迨迎祥殪，而自成已先破俞冲霄，虎踞延、綏間，鎮人歸之益衆，遂代迎祥稱闖王焉。

九月，大清王師入關，明懷宗召各督鎮赴援，承疇、象昇率總兵祖寛、李重鎮、祖大樂等皆東，回顧根本，賊勢復熾。老𤞑𤞑等盤踞豫楚境上，與混十萬、整齊王、張吳王、掃地王、瓦背王、興世王等分七營，推老𤞑𤞑爲謀主，而張獻忠、羅汝才、闖塌天及新賊蛤蜊團等續至，合兵二十餘萬。襄鎮秦翼明不能禦，鄖撫苗胙土招之不應，遂沿流東下，江北諸郡無寧晷。其在秦者，混天星侵軼商、雒，獨行狼螘動漢南，蝎子塊糾連西羌，而李自成與過天星出寇涇陽、三原間，駐兵涇河之濱者八閲月，西安大震。

丁丑春，蝎子塊復來會之。曹變蛟至，自成走秦川，結營相持。已而入華亭，變蛟與左光先、祖大弼等合兵攻之，連戰七日，殺傷相當。會糧盡，官兵還平涼，自成亦奔隴州。蝎子塊爲曹變蛟所敗，降于孫傳庭。自成與過天星奔秦州。

九月，復出至崇信，亦敗。

十月，陷寧羌，知州周應泰、指揮同知王履泰死之。賊遂由七盤關分道入蜀，總兵侯良柱敗死于廣元。昭化、梓潼、江油、彰明及劍、錦、漢等三十六州縣俱陷，圍成都二十日，蜀撫王維章在保寧，不能救，被逮，以傅宗龍代之。先是，督理既入援，承疇尋復還督秦中，象昇改宣府，以王家禎爲總理，逾年罷。召熊文燦于兩廣代家禎，專辦楚豫諸賊。秦賊之入蜀也，議者歸咎於承疇。已而承疇與秦撫孫傳庭擊賊于邠、寧間，皆捷。

戊寅正月，官軍破賊于梓潼，賊分道還秦。李自成等屯汧陽，與曹變蛟、左光先戰，不利，走徽州，分兵出臨、鞏，復爲祖大弼所敗，南走廣元。賀人龍率降賊蝎子塊追之，以六月至陽平關，分駐徽階，扼賊西北去路，曹變蛟渡河而邀其東。自成由西鄉突出漢中，越江將北。孫傳庭、左光先先駐漢中，乘賊渡擊之，賊渠祁總管等謀東奔不得，遂降。

十月，自成食且盡，趨潼關。傳庭于潼關原設伏，曹變蛟驅賊入伏中，亂相蹈藉，官兵奮勇掩殺幾盡，其幸免者咸棄刀與騎，迸逸漢南山中，又爲山民所遮擊，秦賊降者前後數十萬，委仗如丘陵。自成妻女俱失，以十八騎潰圍走。十八騎者，劉宗敏、田見秀、高一功、顧君恩、谷可成、張世傑、張鼐、李過、李雙喜、李彌昌、任繼榮、繼光、王虎、劉文魁等。自成困厄，數欲自盡，李雙喜勸止之，相與竄山中爲小盜。

十一月，承疇、傳庭復奉調與曹變蛟、左光先等俱入援京師。總理熊文燦主撫，張獻忠、羅汝才等俱降。汝才即十三家賊首所謂曹操者也。自成伏山中，夜輒讀書觀象，曰：「過此六月之厄，九五可期！」其所讀書，稱爲異人所授，以詫異其下。諸殘賊聞而來附者復數千人，自成留屯山中，自與十八人間道走穀城就獻忠，獻忠欲殺之，自成覺而遁。羅汝才爲之和解。獻忠以婦人十、馬驘各五十資自成，自成辭。

己卯五月，獻忠、汝才俱復叛。自成亦歸，招集殘賊。秦督鄭崇儉提兵圍之，自成乘間出武關，督師閣部楊嗣昌以庚辰四月至彝陵，聞而以檄諭之。自成出謾語崛强。時獻忠、汝才前後爲左良玉、賀人龍所敗，餘賊多降。自成亦被困于巴西魚復諸山，其輜重在赤甲寒山，不能進，憂其下有異心。一日，偕劉宗敏、張鼐入道旁叢祠中，太息曰：「人言我有天下分，若盍卜之于神，吉即從我，不則亟殺我以降！」宗敏本藍田鍛工，多力，爲盜魁，故自成以此試之。宗敏曰：「諾。」再拜，三卜之，皆吉，起而曰：「吾今死生從若矣。」遂歸，殺其兩妻。諸賊亦有殺妻子願從者。自成于是燒屯聚，携輕馬，出奔河南。河南久旱，斛穀萬錢。杞縣舉人李巖者，初名信，尚書李精白子也。常出家粟千石賑荒，人德之，爭稱李公子，因亂請督府用扞衛鄉里，權宜竊兵柄，以報其所不平。仇家緣他事文致爲通賊。令亦惡其市名得衆，遂執而錮之獄。民之德之者曰：「李公子向活我，今有急！」迺殺令，破械出之，往投自成。自成禮重之，改名巖。盧氏牛金星者，亦舉人也，以磨勘被斥，與其邑醫尚絅善。絅先遊晉，爲賊所得，以善醫親幸，介金星以見自成，自成與謀議，帳中車優及女啾者亦盧氏人，常在帳中供奉。車優逃歸，遇牛之叔，具言金星通賊狀。亡何，金星歸，竊妻子，宗人執首官，以車優爲徵，坐斬，後得減死論。聞自成出河南，謁見，大喜。初，自成無大志，所至屠戮，百姓保塢壁不肯從。李巖教以取天下，宜拊循以收人心，唱爲「迎闖王，不納糧」之謠，教兒童傳歌之相鼓動。而金星進所善卜者宋獻策，身長三尺餘，上讖記曰：「十八子，主神器。」自成悅，始過城不殺，且以所掠散飢民，民多歸之。

是年十二月，陷宜陽，殺其令唐啟泰，移軍攻永寧。永寧先有邑紳蜀撫張論，子吏部郎鼎延率家僮捍禦。會獄徒勾賊，以二十七日四鼓登城，殺知縣武大烈，鼎延匿眢井免。萬安王采鏗被殺于西關，勢遂猖獗。攻偃師，一日破之，令徐日泰罵賊死。

辛巳正月，至洛陽，豫鎮王紹禹者貪而失軍心，聞賊近，載重入城，復匿福王犒兵三千金不給，兵益恨，乘夜反，招自成入，洛陽陷。福王縋城走，爲所得。呂尚書惟祺亦被執，賊欲跪之，不屈，伸脰就刄，色不變。福王亦不屈遇害。自成臠割之，雜鹿醢以犒衆，稱福鹿酒云。鄒妃世子得脫，走河北。王固神宗愛子，賜賚優渥，賊陷洛，盡取其庫藏充軍實，頗發所餘併富人貲給飢者。即以掾吏邵時昌爲僞總理，俾募兵守洛，而自移其軍攻汴。豫撫李仙風慰安福世子于河北孟縣，聞自成已去，率其將高謙入雒，誅邵時昌。而汴梁之急，撫軍顧不在，周王出帑金五萬犒士。巡按御史高名衡、推官黃澍、知縣王燮同設守，賊穴城將入，守者投以火，賊被爇而死，積屍與城平。七晝夜不能下，始解而去。過密縣，屠之。登封亦陷。事聞，懷宗震悼，仙風坐落職，隨錦衣逮治，即代以按臣高名衡，并調保督楊文岳、秦督丁啟睿援汴。而楊嗣昌入蜀追勦張獻忠之師，亦潰于開縣。獻忠東襲襄陽，破之，殺襄王。嗣昌自盡。丁啟睿出關，畏自成，不敢赴汴，聞張獻忠在光固，請移軍當之。

五月十九日，懷宗更出故大司馬傅宗龍于獄，拜兵侍郎，爲秦督，專辦自成。丁啟睿與左良玉大破張獻忠于信陽。羅汝才與獻忠不合，舍之去，投自成于鄧州。獻忠既敗，鄖西前茅八哨之兵無所歸，自成又邀而取之，附者日益衆。豫士袁時中據蒙陰之義門，爲朱大典、劉良佐所挫。太監盧九德復率禁旅于界溝逐之，時中乘風雨渡河，衆尚二十萬，亦往投自成。自成黠譎，工駕馭，此時已雄長諸賊，雖張獻忠不能與比强矣。

秦督傅宗龍以六月入關，與秦撫汪喬年謀所以平賊。宗龍欲搜秦兵，括秦餉，掃境內以出，而關中旱蝗，閭左調發殫盡，未有以應，即止以秦兵之在豫者李國奇、賀人龍之卒隸焉。保督楊文岳率虎大威一軍與之會。宗龍既與文岳遇，以九月四日至新蔡，命軍中起浮橋，期明日過河。自成亦過河，窺汝寧。二督宿龍口，夜召諸將謀邀擊。遲明，飛騎報賊過且盡，所留惟殿後一軍。我師至孟家莊，諸將解鞍休士，不爲備。賊匿精鋭林莽間，日旰出鬭。賀人龍之卒先奔，李國奇初接戰，不能敵，亦奔，偕虎大威、陳監軍同往沈邱避賊。而兩督自以親軍與賊相持，傅營于西南，楊營于東北。二更，保兵北隊走，有張副將者挾文岳馬上馳去，次日次陳州。秦督慷慨謂部下曰：「宗龍當死久矣，今日陷賊中，當與諸君并志決命，不能效他人走也。」乃即文岳所置壁，重穿塹結壘，誓必死。自成見宗龍無救，于圍外穿兩壕困之，十一日，糧盡殺馬，十五日，羸馬亦盡，十六日二更，開營空圍，遂大潰。宗龍以十九日未至項城八里被執，賊詭稱傅家將，擁之趨城。宗龍大呼曰：「此賊也。身是傅督師，不幸落賊手。城上速用礮擊，毋墮狡計！」賊刀砍傳右脇傷，抉兩目，削鼻。礮聲起，賊遁。家人盧三負其屍，入城乃絶。李自成進攻葉縣，陷之，守葉副將劉國能，即降賊闖塌天也，力戰被執。自成以舊好勸之降，國能不屈，被害。自成圍左良玉于偃師，聞秦撫汪喬年至襄城，釋偃師之圍來戰。初，喬年之撫秦也，常被命發自成祖父塚。自成破雒後，聲勢日益張，或上書軍門，言其先塚有異者，請發之。米脂縣役詭孫姓，實自成族，令邊大受詗知之，執而加拷，役曰：「吾祖墓去此二百里，在萬山中，聚而葬者十六塚，中一塚始祖也。相傳穴爲仙人所定，有鐵燈檠蘸火壙中，曰『鐵燈不滅，李氏當興』。」如其言跡之，山徑仄險，林木晦黑，果得李氏村，村旁纍纍十六塚，中一塚發之，有螻蟻數石，火光尚熒熒然，斲其棺，骨青黑色，毛被體而黃，腦後一穴如錢大，中盤赤蛇長三四寸，有角，見日而飛，高丈許，以口迎日色而吞咋者六七，反而仍伏。喬年函顱骨，并蛇腊之以聞。自成久爲嚙指恨，既知喬年出，憤踊曰：「此發我祖塚者，聞其多馬，速圖之勿失！」喬年背襄城而舍，交綏一軍盡覆，斂殘卒數百人保襄城。城壞未及修，五日而潰，喬年自刎勿殊。副將李萬慶共以死，萬慶亦降賊，前所號射塌天者也，與劉國能俱反正死節，稱忠臣焉。自成凡再覆秦師，獲馬二萬匹，降秦兵數萬。

十一月，乘勝遂圍南陽，用大礮攻城，守將猛如虎破以計，殺賊精兵數十。已而他門陷，如虎持短刀巷戰，大呼「殺賊」，手及袍袖有血數斗，過唐府北面叩頭，自稱力竭。賊剸刃以出其背，斧麒麟閣，刺唐王于其宫。張妃及湘安王崎嶇走入楚。自成陷鄧州，知州劉振世死之，鎮平令鍾其顧、內鄉令龔新、舞陽令潘宏道先後殉節死。

十二月，自成陷許州、禹州，徽王遇害。二十六日再圍開封，開封宋故都，金人所重築也，厚可十丈，次亦八九丈。自成每攻城，不用梯衝，專取瓴甓爲首功，甲士取一甎，得者即歸營解甲臥；後退者必斬。取甎已穿穴，初僅容一人，漸至十人百人，次第傳土以出，過三五步留一土柱巨絙繫之，穿畢，萬人負絙而絶之，一呼而柱折城崩矣。巡撫高名衡、總兵陳永福于城上鑿爲横道，聽其下有取土聲，儲毒穢以薰灌之，遇輒焦爛。賊乃即壞處環試火攻法，以藥置甖中，火震甖裂，名曰大小放迸，當其衝者無不糜碎。

壬午二月十三日，汴城之圮者二十七處，將迸火而攻之，列精騎數千其旁，距躍鼓噪，俟城摧，擁以入。方其初穴地也，土石之積于外者邱陵然，已而火作，內土堅，外土浮，內未及穿，火反外擊瓦土之漲者及于天，數千騎殲焉，乃駭而遁。城之未穿者亦尋丈耳。是役也，陳永福射自成中左目，力戰，功稱最。撫按下俱以城守得獎，惟丁啟睿後至，不能外犄角，引其軍入城，幾爲賊所乘。城既開，而麾下散去，且軍不戢，汴人苦之，遂獲罪。

賊不得志于汴，去，攻陳州。副使關永傑、知州侯君耀、邑紳崔泌之、舉人王受爵等皆力戰不屈，賊怒而屠之，少長無或免者。睢州、太康、寧陵、考城、西華、商水，遇輒潰，邑紳通政使李夢宸、宣大巡撫張繼世各于其地嬰城殞。至歸德，知商邱梁以樟與邑舉人徐作霖、吳伯裔、伯允相與集鄉勇爲守禦，賊攻圍七日夜，以二月二十七日攀堞入，作霖、伯裔、伯允死，以樟被兵，尋救甦，遁於淮南，家四十口悉以燼。儀封、杞縣空城逃，開、亳亦繼陷。魯山令楊呈秀、郟縣令李貞佐、寶豐縣令張人龍皆死節。

三月，李自成復圍開封，其下以前力攻而挫也，懼而逃者日數千人。自成乃下令圍而勿攻，持久，示必克。先是，孫傳庭入援中讒下獄，其後赦出之，復令督秦師。秦將賀人龍兵潰，再逃，陣失主帥。傳庭至西安，人龍從數十騎來謁，傳庭奉密旨縛斬之。故尚書侯恂素有恩于左良玉，亦出之于獄，令督豫師，發帑金十五萬犒良玉將士。拔中州有司蘇京、王漢、王燮三人爲御史，京監延寧甘國兵，趣孫傳庭出關；漢監左良玉及保督楚蜀兵，助侯恂保汴；燮監陽懷東晉兵。部勒諸將過河，誅賞並行，文武迭用，中外赫然，冀可一戰平賊。于是左良玉、虎大威、楊德政會師于朱仙鎮。良玉以賊勢方盛，宜相形勢爲緩攻，大威等議不合，既進兵，群帥皆潰。劉澤清以朱家寨去汴八里，依河爲砦，謀以次結八營達大堤，築甬道，餽粟城中。壁壘未成賊引衆來爭，恇擾奔逸，幾不及濟。外援既絶，賊圍日固，開封之樵薪斷，人相食。羅汝才衆亦飢，謀他徙，自成出餘糧廩之，重爲盟，畀以東城所掠爲分地，乃留不去。

九月十五日三更，河決開封，自成前後三攻汴，士馬斃者無算。積憤，誓必拔。長圍半載，師老勢屈，久懷灌城之謀，顧以子女珍寶山積，不忍委之洪波。迨秦師已東，恐汴圍一疎，陽懷東晉之兵必躡其後，將憂腹背受敵。方圖改算，會汴人有獻計決河以灌賊者。時城旁羊馬城，周王募民新築者皆堅厚爲高岸，而賊營直薄其大堤，以爲河決則賊可盡，而城中無恐，故督撫議從其計。早爲自成所覺。援師方鑿朱家寨口，賊已移營高阜，多設巨筏艨艟，驅所掠民夫數萬，反決馬家口以灌城。天大雨，經旬不止，黄流驟漲，兩口一時並決，聲聞百里，丁夫荷鍤者隨堤漂沒，賊營亦沉萬人。河流直衝汴城，自北門入，穿東南門以出，流入汴水，汴人皆溺死。方受圍時，官以城守閲民，得百萬户，圍後死於疫與飢者十之二，尚得八十萬。水至，周王從後山逃出，督師侯恂遣總兵卜從善逆以舟師，士民從之而濟者不及二萬。河身改徙杞縣、唐邑、亳州以入於淮。賊乃拔營向西南而去。

十月，孫傳庭兵至南陽，李自成、羅汝才西行逆之。傳庭以高傑、魯某爲先鋒，左勷、蕭慎鼎爲後距。魯，甘、凉世將也，與李自成遇於塚頭，大戰，高、魯大破賊，追奔六十餘里。羅汝才從旁來救，遶出高、魯之後。左勷紈袴不習敵，望而怖曰：「高、魯没矣。」遂奔，餘衆聞之皆奔，遂大潰，喪材官將校七十八人。高、魯所部失亡顧不多。傳庭歸，執慎鼎斬之；左勷以光先子，令入馬二千匹贖罪。當傳庭出軍，天大雨，糧車不進，採青柿以爲食，士卒飢餓，故遇賊致于敗。豫人所謂柿園之役也。是月也，李自成收裕州李好爲之用，復陷南陽，屠之。

閏十一月十三日，圍汝寧，保督楊文岳先以援汴不利，有詔戴罪防汝。賊至，監軍道孔貞會駐東關，師先潰。文岳督戲下副將馮某戰于南湖，賊礮擊南關，兵之被傷者，濠水盡赤，馮將軍自刎死。文岳收散卒嬰城守。西關守將王某、北關守將趙某猶苦戰，勢不敵，兩將自焚營柵，收其兵入城，殺所乘馬而自殺，從死者千餘人。翌日，賊從西北門入，執文岳，不屈，與僉事王世琮者俱罵賊遇害。通判朱國寶、知汝陽文師頤亦死。賊拔營走確山、信陽、泌陽，執崇王由櫍及世子，俱不屈死。左良玉自朱仙鎮南潰退，屯襄陽，諸降賊附之，有衆二十萬，大治戰艦于樊城。自成至樊，人苦左兵淫掠，取藁秸燔之。良玉怒，奪巨商峩艑，重裝待發，身率諸軍營于高阜。漢東之人牛酒迎賊。

十二月四日，賊趨白馬渡，良玉移營扼之，江水淺及馬腹，賊死數千，渡如故。良玉拔營南行，襄陽陷。賊將賀一龍以十二日破德安，襄屬棗陽令郭裕、宜城令陳美、穀城令周建中、光化令萬敬宗皆城破不屈死。賊再破彝陵、荊門州，沅撫陳睿謨至荊，奉惠王走湘潭。自成以十八日入荊州，湘陰王儼鈃全家遇害。二十八日，攻獻陵，陵軍柵木爲城，從城内射賊，賊發薪燒之，木城穿，遂毀享殿。三十日，攻承天。

癸未正月二日陷之。總兵錢中選被創歿。楚撫宋一鶴、留守都司沈壽崇並遇害。知鍾祥事蕭漢，賊以其賢，戒勿殺，幽之寺，命寺僧謹視之。漢乘間裂裳爲帛以自經。欽天監博士楊永裕投賊，自詡有異術，能佐自成取天下，請發獻王梓宮，俄大聲起山谷如雷，懼而止。分兵掠潛江、京山諸縣，遂破雲夢，蹂景陵。方國安諸將退屯漢口。賊去逼漢陽，左良玉避之南下，黄陂亦陷。

自成初稱老府奉天倡義文武大將軍，尋進大元帥，而以羅汝才爲代天撫民德威大將軍。分其衆曰標營，領兵百隊，曰左右前後營，各領兵三十餘隊，標營白幟黑纛，自成獨白鬃大纛銀浮屠。左營幟白，右緋，前黑，後黄，纛各隨其色。五營以序直晝夜，他營次第休息，巡徼嚴密，人不得逃，逃者磔之。連營百里，竟日不得越禁，行囊勿藏白金。精兵許携妻子戒旁漁，生子棄不育，收男子十六以上、四十以下爲兵，一精兵容私從，爲之主芻掌械，司磨執爨，少者十餘人，駝驢少者十餘載，過城市不令處室廬，寢興一布幕，製綿甲紉綻三百層，輕厚，矢礟不能入。一兵倅馬三四，冬則掠茵褥藉其蹄，曰恐惡寒也。剖人腹爲之槽，馬以此鋸牙思噬若虎豹。軍止即出較騎射，曰站隊，及晡方畢。夜四鼓，蓐食以聽令。所過值崇岡絶坂，騰而直上，毋得旁踰。水惟黄河阻轡，淮泗涇渭，人皆足踞馬背，或抱鬣緣尾，呼風而前。馬蹏所壅閼，水爲不行，下流淺不盈尺，步兵褰裳徑涉，臨陣列馬三萬，名三堵牆，前者返顧，後即殺之。戰久不勝，馬兵佯敗，追之則步卒之伉健者長槍三萬，擊刺若飛，馬兵回合，無孑遺矣。其攻城也，束手降者不殺不焚，守一日殺十之三，二日殺十之七，三日屠。殺人，束諸屍爲燎，謂之打亮。城將陷，步兵萬人周堞下，防縋城者；馬兵徼於外承其隙巡之。張獻忠至殘忍，所攻城一門陷則一門可逃。自成若覆舟於海，無噍類，由其法嚴故也。諸營校所獲馬騾者上賞，弓矢鉛銃者亞賞，幣帛者次之，珠玉爲下。

自成不好酒色，脱粟粗糲，與其下共之。羅汝才妻妾數十，被服紈綺，帳下有女樂數部，嗜酒烹羊豚，厚自奉。自成常嗤之曰：「此老傭多嗜好，不足數也。」自成之兵長于攻，汝才之兵强于戰，兩人相須，如左右手，所陷河南五十餘城，鹵獲自成十之六，汝才十之四。其下稍爲自成部衆所侵，屢以駑駘易其善馬，滋不平。汝才本與自成同里，年長，後失勢相依，始改稱自成爲兄，然恃其故誼，常自呼曹操，呼自成老齊，爾汝之。自成之下宛葉，克梁宋，兵强士附，有專制心。往時舊賊如老〓〓、馬守應、革里眼、賀一龍、爭世王、賀錦、治世王、劉希堯、左金王、藺養成等皆歸自成，于開封，一龍、守應亦自爲一軍，不相屬，頗與汝才善，自成心忌之。其下荆襄也，令守應屯彝陵，規取澧州。一龍走德安，規取黄州。一龍至黄陂，前阻水，僅收左良玉殘兵八百人以歸，先過汝才營，屏人耳語，自成銜之，不遽發。山西舉人吉珪爲汝才謀主，謂汝才曰：「觀李帥容人者，今群雄皆俛首，所頡頏者，我與左、革耳。將軍何不早自計？」汝才始愯然，然勿爲備。又黄州陳生者客襄陽，遇亂，以才智爲自成所識，亦因吉珪以交于汝才，知兩人有隙，自念以吾口舌令相圖，二賊可並滅也。説汝才曰：「將軍苦人以惡馬易善馬，盍以字烙之，令自爲群？」汝才善之。陳生因分前後左右烙馬字，而先烙其左爲一群，報自成曰：「羅營東通良玉，馬用『左』字爲號矣。」自成偵之而信，盛爲具，請此二人。汝才辭以疾，一龍至，宴笑甚歡，五鼓已，就縛。羅兵猶不之知，侵晨以三十騎入汝才營，托言事徑造帳中，汝才方櫛髮未竟，即斬首，持以示其下曰：「汝才反，元帥令誅之。」一營大譟。自成先用賀錦、劉希堯以收一龍之心膂曰趙應元，俾慰誘其衆。汝才之將曰楊承恩，甥曰王龍，以其兵散去，先後皆入關從孫督師；李汝桂以數百騎走安廬從左帥，其他皆慴伏。自成初見吉珪，加勞勉，後因事誅之。陳生者其謀爲自成所覺見殺。于是兩軍之士皆屬焉。

牛金星教以分等威、申職守，早自異于儕偶，創爲官民爵號，自元帥以下，次權將軍、次制將軍、次果毅將軍、次威武將軍、都尉、掌旅、部總、哨總，各以等第降殺。李巖爲中營制將軍，與其弟牟頗簡束其下勿縱掠。田見秀爲人寬厚，以權將軍提督諸營事。劉宗敏狡悍善戰，亦爲權將軍亞焉。賀錦歸自蘄黃，一見輸誠，又甚得曹、賀兩營之心，能弭之不動，拔制將軍，在諸將右。帥標正威武將軍張鼐，自成養子也；又威武將軍黨守素副之。帥標左威武將軍辛思忠，又果毅將軍谷可成副之。標右威武將軍李友，標前果毅將軍任繼宗，標後果毅將軍吴汝義，此其中權親軍也。左營制將軍劉芳亮，左營左果毅將軍馬世耀，左營右威武將軍劉汝魁。右營制將軍劉希堯，右營左果毅將軍白鳴鶴，右營右果毅將軍劉體純。前營制將軍袁宗第，前營左果毅將軍謝君友，前營右果毅將軍田虎。後營制將軍李過，自成諸子也，左目眇，年少，驍敢善戰。後營左果毅將軍張能，後營右果毅將軍馬重僖，又有駱應標者，亦後營。此五營二十二將者，凡進戰視中權所向，四營制將軍各率其偏裨以從，其次則分地以定衛帥。

自成在中州所略城，輒燒彝之，無意守。既渡漢江，長驅入荆，念天下莫予難者，謀先守荆襄，次守承天、德安，漸以次於汝寧，而增置衛帥十有三人。襄陽者，賊之腹心根本地也，設襄陽左右威武將軍，高一功、馮雄各領三千人爲久戍。又有楊彦昌守襄陽。荆州，襄之上游，設通達衛，用任光榮爲制將軍，配以六千人守荆州。彝陵，楚蜀之門戶，分通達衛左右威武將軍藺養成、牛萬才兵一千四百人，佐以都尉張禮水師六百人共爲守。守荆門州者，都尉葉雲林，本郟縣諸生，所將止六百人，以荆門有彝陵爲之蔽也。馬守應於己貳，改用威武將軍王文耀，配以荆州兵六千守澧州。承天特置揚武衛，以果毅將軍白旺守安陸，而獻陵爲明所必爭，即左右都尉馬世泰爲分駐，又以威武將軍謝應龍守漢川，防左帥之泝流西上也。汝寧衛，威武將軍韓華美守信陽北，扼孔道。均平衛，果毅將軍周鳳梧守禹、鄭二州，西備關中。諸鎮既以盤牙屯據，乃改襄陽曰襄京，修故王宫殿居之。楊永裕勸以即真，牛金星不可而止。設官分職，置上相、左輔、右弼、六政府、侍郎、郎中、從事等官，于要地設防禦使，府曰府尹、州曰牧、縣曰令，易印爲信，改禹州曰均平府，承天府曰揚武州。其所授僞官自左輔牛金星、右弼來儀以下，吏政府侍郎石首喻上猷、戶政府侍郎江陵蕭應坤、禮政府侍郎招遠楊永裕、兵政府侍郎米脂李振聲、刑政府侍郎江陵鄧巖忠、工政府侍郎西安姚錫允，在外則荆州防禦使洛陽孟長庚、府尹長葛張虞機，襄陽防禦使郟縣李之綱、府尹盧氏牛佺，佺，金星子也。南陽防禦使鍾祥吳大雍、府尹江陵劉蘇，汝寧防禦使江陵金有章、府尹江陵鄧璉。又揚武州防禦使陳藎，信陽州防禦使江陵黄閣，均平府尹鍾祥劉懋先。其郎中、從事及府丞、州牧、縣令以下官多，不具載。自成僞號新順王，會左輔以下官議出兵所向，牛金星請先取河北，直走京師；楊永裕謀順流下金陵，斷運道，則燕都自困。兵政府從事顧君恩進曰：「兩人所言皆非也。金陵勢居下流，難濟大事，其策失之緩。直取京師，萬一不勝，退無所歸，其策失之急。不如先定關中，爲元帥桑梓之邦，秦都百二山河，已得天下三分之二，建國立業。然後旁掠三邊，資其兵力攻取山西，後向京師，庶幾進有可攻，退有所守，方爲全策。」自成從之。

孫傳庭之敗于柿園而歸也，大治兵于關中，事未集，廷議催戰急。傳庭不得已上書出關爲師期。慮自成或自內、淅窺商、洛，謀以秦撫馮師孔率甘、蜀二鎮兵駐商設防，已則兼程出關，先以總兵牛成虎、副將盧光祖提興運各營之兵三千二百人由靈、陝入雒。

七月二十三日，至澠池，前驅遊擊張守義與賊遊兵遇于下池，薄有斬獲。傳庭以八月十九日率平治十營與白廣恩期于新安來會。當是時，賊圍李際遇于登封之玉寨，聞秦師之出也，設伏于滋澗以邀之。二十日官兵至滋澗，見道險，命下馬搜伏，賊乃遁歸龍門。二十二日，追至龍門，而賊營已拔，留哨騎于伊河之西。降將楊承祖單騎馳諭，賊哨蘇某者以五十二人歸命。盧光祖又招賊將高紀祥降之。傳庭全軍駐龍門，催孟縣之糧，别遣兵五千追賊于汝州，賊已盡奔寶豐，玉寨之圍亦已解。自成初聞傳庭來，盡發荆襄之賊，會于河南，步騎沿河列守，自汜水至滎澤，伐竹木結筏，人佩三葫蘆，將渡河，先驅千餘人北渡。劉洪起逐之，逡巡南岸。豫鎮陳永福、卜從善以避賊不擊，降副將，戴罪殺賊自贖。

九月初八日，傳庭師進，次汝州之長阜鎮。僞都尉李養純迎降。聞自成老營在唐縣，撤郟縣僞將吏，歸保寶豐，并兵設守，以爲犄角。傳庭乃別遣遊擊折增修，從曾山間道擣唐縣，自以大兵從汝州進。初十日，進寶豐，賊已改爲州，其守兵多，且樓櫓亦甚固。傳庭曰：「我師前爭利，而寶豐或犄其後，則腹背受敵矣。」諭降不下，乃留攻之。十一日，自成來援，白廣恩、高傑、盧興祖分兵夾擊，戰小利，賊卻。十二日，自成再以精騎來援，復爲廣恩、傑所卻。遂以是夜克寶豐，擒僞州牧陳可新、僞將蔣山、李大存、孫月等，誅之。十四日，戰於郟縣，擒其果毅將軍謝君友，砍賊坐纛旗尾，自成幾獲，捕得汝才逃兵王定，言賊唐縣老營十二日夜半爲折增修所破，輜重俱盡，妻子細口被殺，一營皆哭。傳庭軍聲大振，會天大雨，轉道濘數尺，糧車日行三十里，士馬多飢，或勸退舍就委輸者。傳庭曰：「師已行，即還亦飢。不如破郟縣就食。」遂攻郟縣破之。郟窮邑也，得馬贏數百頭，噉割之立盡。雨不止，傳庭頓郟縣五日不能進。十七日，後軍譟于汝州，降盜陰通賊，賊突騎復大至。傳庭不得已分其軍爲三，以白廣恩從大路，已與高傑從小路還師迎糧，而陳永福閉營休士。須糧至，諸營進而齊發。且戒之曰：「汝按甲三日以待我，勿動也。」前屯既移，後隊亦亂，永福雖斬之不能止，乃亦引所部殿，而賊追之，及於南陽。二十一日，還戰，賊置陣凡五重，飢民處外，步卒次之，馬兵次之，驍騎之選又次之，老營家口居中。官軍已破其馬兵，過三重矣，遇驍騎而死鬭，陣稍動，壯士推火車者駭曰：「師敗矣。」盡脱其輓輅而奔，馬兵見之亦奔，火車傾輈塞道，馬絓于局及衡者不得出。賊鐵騎淩而騰之，步賊手白棓遮擊，中者首與兜鍪俱碎，遂大敗。賊空壁來躡，一日夜踰四百里。官軍死者四萬，失亡兵器車重數十萬。傳庭之退軍也，使高傑斷後，白廣恩設伏道左。廣恩懼爲賊所乘，棄兵潛遁，故賊兵追而傑兵大敗。獨廣恩兵得入關。自成初出襄陽，以邱之陶爲兵政府侍郎居守。之陶，相國瑜次子也。宜城陷，相國父仰藥死，之陶爲賊所得，署兵政從事，年二十餘，有姿容器略，自成甚重之，擢其官，委之筦留務。襄陽尹牛佺雖賊相子，倚任不及也。之陶欲以奇計誤賊，遣人間道走武關以蠟書告傳庭曰：「督師與之戰，吾當詭左兵大至，以搖賊心，彼必反顧。督師隨其後，我從中起，賊可擒也。」傳庭大喜，報以手書，其書爲自成邏者所得，故見其羸弱，以誘官兵深入，之陶果舉火報東師至，自成驗得其詐，呼而詰之襄縣，出孫書，責其負己，支解之，之陶大罵死。傳庭既敗，取儻道過河入晉，以轉達潼關。高傑曰：「三軍父母妻子在西安，今戰敗思歸而强之守關，此危道也。不如棄關，專守西安，憑堅城，以人自爲戰。」傳庭叱曰：「若賊已進關，則西安糜沸，秦人尚爲我用乎？」

十月初七日，自成率大衆攻關。白廣恩猶苦戰，高傑以廣恩賣己於寶豐以致敗，擁兵不顧，賊從南山遶出其背爲夾攻，力不敵，關破，傑奔延安，廣恩奔固原，陳勇奔秦州，高如利奔漢中。賊遂破華陰。傳庭收散卒，圖還保渭南。賊追及，傳庭與參軍喬元柱躍馬大呼而沒于陣，知渭南楊暄死之。是日陷華州。初九日，屠商州，商雒道黄世清不屈死。初十日，陷臨潼。十一日，逼西安。主城守者爲副將王根子，射書城下，開東門納賊，城遂陷。巡撫都御史馮師孔、按察司黄炯、長安知縣吳從義、指揮使崔爾達死之。秦王被執，長史章世炯自經。紳士則右都御史焦源溥大罵賊，賊先斷其舌殺之。副使祝萬齡從容拜孔子，僉事王徵七日不食，宣撫焦源清、參政田時震、御史王道純、舉人席增光、朱誼泉皆死。大掠三日，乃下令不妄殺，誤者償其命。改西安府爲長安，據秦府爲宫，收姬妾數百以充實之。命所司一依李唐制度，即秦撫故署爲吏政府，布政司爲户政府，學道爲禮政府，都司爲兵政府，按察司爲刑政府，西安分守道爲工政府。僞授秦王爲權將軍。世子妃劉氏慟哭曰：「國破家亡，不如一死。」自成遣歸其家。分兵爲三道以追捕諸將，李過出北道，追高傑于延安，傑東走宜川，河冰適合，遂渡河入蒲州，絶蒲津以守。賊追至，冰解，不得渡乃止。田見秀出南道追高汝利於漢中，汝利遁入蜀，尋復降。城固令司五教被執，罵賊死。賀珍、劉宗敏、袁宗第、黨守素出西道追白廣恩，進次固原，廣恩亦以城降，傳檄徇下邑，知蒲城朱一統、知中部朱新鏁自盡，餘從風而靡。自成發民夫大修長安城，挑濠塹，具樓櫓，視前制倍壯麗。命楊永裕閱兵于渭橋，金鼓之聲震地。毁民居屋以大開馳道于城中，每三日即親至大教場校射，身御藍布袍，張小黄盖，乘馬。百姓望見黄龍旗，皆辟易。

十一月，自成大會群賊，戎馬萬匹，旌旗百里，詣米脂祭墓。墓向爲官軍所發，焚棄其遺骴。自成乃築土封之。磔明經艾詔、諸生賀時雨于市，爲其前倡發墓議于汪喬年也。訪求其宗人，贈金封爵，改延安爲天保府，米脂爲天保縣。以三百騎行鳳翔，知府唐時明城守力竭，自經死。平凉知府簡仁瑞說韓王堅守，不從，仁瑞獨力戰，抱印不屈死。華亭訓導何相劉與教諭鄒某俱城陷死之。

自成初入關，自以爲故鄉，所過村鎮慰諭父老，戒有所侵暴。未一月而軍士束丁男以爲奴，突入廬舍剽掠婦女。又以衣冠必不附己，諸舊臣故家爲鄉里所畏服者，徵而閉之空舍，加搒掠以索其金。死者并一坎埋之，家不知其所在。責渭南南氏餉一百六十萬。禮尚書南企仲年八十三，遇害。企仲之子進士南居業、居業從兄工尚書南居益皆被炮烙死。秦人大失望。西安都司舍人邱從周，長不滿三尺，醉入秦府，戟手罵曰：「若一小民，妄居王府稱尊，而所爲若此，何以得長久？」自成叱曰：「醜鬼。」趣提去，初不以介意也。秦士大夫如惠世揚耆耇人望，匍匐受僞官，然脅于凶逆，非得已。最甚者無如張國紳，首倡僭號，覬作賊相，又爲誘文太僕之室鄧夫人進之，鄧江南令族，知史書，工詩，國紳以爲必見幸。自成顧重太僕名，怒曰：「若同輩不能庇其伉儷而行媚我！」叱國紳斬之，禮鄧而歸之家。白廣恩之降也，自成挈其手與共飯，相對極歡。左光先聞之亦降。陳永福猶擁衆爲顧望，自成遣廣恩諭意，永福恐其賣己，曰：「汴城之戰，永福親集其矢於王之目，今窮而歸命，懼無以全腰領。」自成曰：「此各盡其事，何害？」命取箭折之，誓不食言。諸將輩轉相誑惑，多解甲上謁者。唯榆林不從。榆林王氏一門八元戎，世欽、世官者兄弟也。尤世威、世祿，閥閱亞王，而威重過之。李昌齡西涼勳冑，以故總兵僑居其地。賊入關，制將軍李過徇榆林，兵使者都任率劉、惠兩副將推世威爲帥，而與王、李三公同守。賊遣辯士延安舒君睿說之，齎五萬金以犒城中，自成爲手書以曉譬禍福，不聽。因四面環攻，城上强弩持滿，發巨礮擊之，數開城出戰，殺賊數千人，婦女小兒皆叫呼擊賊。賊穿地道放迸崩城，諸公巷戰，力盡，都任引佩刀自裁；副將劉廷傑罵賊，賊磔之；惠顯被縛過神木，仰酖至二升乃絶；王、尤、李俱爲所執至西安，見自成，挺立仰視，賊欲跪之，不屈，自成前解縛曰：「吾虚上將以屈，諸將軍奈何固執？」世威等罵曰：「我輩大臣也，驛卒無狀，滅不久。毋近前汙我！」臨死歎曰：「悔不早殄此賊，今日真死有餘恨！」賊舉城屠之。遂以兵臨寧夏，寧夏不支，總兵官撫民開門降。慶陽猶爲明守，攻四日，陷，屠之，執韓王，副使段復興、知寧州董琬、邑紳麻僖俱死。三邊盡入於賊。賊無所顧忌，遂長驅而東，過河入晉，破平陽，殺西河王等三百餘人，平陽總兵陳尚智降。是時秦隴皆沒。慶陽推官靳聖居不食死，鞏昌通判署秦州朱廷節被執罵賊死，知安化袁繼登、知秦安朱呈權、知安定應昌士與署會寧舊令王垣俱殉節。

賊移兵取蘭州，甘撫林日瑞以副將郭天吉四千騎守峽口而敗，賊乘夜雪登城，日瑞、天吉死，馬寺監牧、同知、藍臺總兵馬爌、中軍哈維新、姚世儒、州紳羅俊、趙宦等俱死之。殺居民四萬七千人。西寧衛詐降，殺僞官賀錦等。賊將辛思忠攻破之，即令爲守，進兵略青海。以黨守素守蘭州，陳之龍爲西寧節度使，而秦地悉沒矣。

我世祖皇帝順治元年甲申即崇禎十七年也，正月朔，李自成稱帝於西安，僭國號曰順，更其名曰自晟，改元永昌，造甲申曆。以李繼遷爲不遷之祖，曾祖李世輔、祖海、父守忠俱追謚爲皇帝，母爲皇太后，立劉氏爲皇后，陳氏爲貴妃。拜牛金星爲天佑殿大學士，釐定六政府尚書，益置學士宏文館、文諭院、諫議直指、從政統會、尚契司、驗馬寺、知政使、書寫房。以乾州宋企郊爲吏政尚書，平湖陸之祺爲戶政尚書，真寧鞏焴爲禮政尚書，歸安張璘然爲兵政尚書。餘官從自襄陽者陞賞，賊帥給珠琲環寶人二升、銀千兩。權將軍、制將軍封侯，果毅將軍以下封伯，封子、男，如汝侯劉宗敏、澤侯田見秀、蘄侯谷英、亳侯李錦〔四〕、磁侯劉芳亮、僙侯張鼐、綿侯袁宗第、淮侯劉國昌；伯七十二人，光山伯劉體純、大平伯吳從義、巫山伯馬世耀、桃源伯白廣恩、確山伯王根子、武揚伯李佐、文水伯陳永福；子三十人，寧陵子田虎；男五十五人，臨朐男高一功等，其可考者也。

定軍制，有一馬儳行列者斬之，馬騰入田苗者斬之。兵死，令妻妾縊以從，無別配。按册，步兵四十萬，馬兵六十萬。兵政侍郎楊王休爲都肄出橫門以至渭橋，職志環轉不絕，金鼓動地，用怖三秦。鑄大錢直白金一兩，次當十錢，當五錢，平物價。設科目試士，寧紹先充教官，用「定鼎長安賦」，拔扶風舉人張文熙爲第一。草僞檄，宏文學士李化、麟臺諫宋衛等頌功德，張形勢以指斥時君，脅汙州郡。自平陽降後再陷河津、稷山、滎河，山西望風送欵。賊以一軍上絳州，一軍上蒲州。

二月，自成率其前軍過河，牛金星、顧君恩、宋獻策參預密謀，宋企郊、龔煩、陸之祺、張璘然以僞尚書，喻上猷、李振聲、楊王休、黎志陞以僞侍郎，皆驂乘。攻汾州破之，徇河曲、靜樂，遂攻太原，執晉王，晉撫蔡懋德、中軍盛應時等殉節死。自成兵至忻，攻代，五臺令迎降。寧武關總兵周遇吉殊死戰，兵敗被殺。自成歎曰：「使守將盡如周將軍，吾何以得至於此？」犯大同，巡撫衛景瑗、總兵朱三樂死之。自成入，殺代藩宗室殆盡，留僞將張天琳守大同。由陽和長驅向宣府，白廣恩官撫民，書與總兵姜瓖約降。巡撫朱之馮謀守城，軍士無應者，拔刀自刎死。監視太監杜勳迎賊三十里，督師大學士李建泰於保定被執，亦降。御史金毓峒不屈，全家死。南宮知縣彭士宏守城死。自成遂從柳溝以入居庸，太監杜之秩、總兵唐通俱迎降，馬岱自殺。

三月十三日，至昌平，總兵李守鑅駡賊死。夫自成已破太原，踰太行，蹂真、保，可以直犯京師，乃先攻寧武、雁門者，盖以宣、大天下勁兵處，懼京師急而爲之援也。是以偏師行入趙地，其正兵則從兩關出代、上谷，乘瓦解之勢，以盡收宣、大之兵，然後轉攻居庸以進，而京師坐困矣。昌平既破，遂焚十二陵享殿，太監高起潛棄關走入西山。賊自沙河直犯平則門，城外三大營皆潰降，大車巨礮反爲賊有。轟聲振地，守城者以空礮向外，不實鉛子。李自成對彰義門設座，晉王、代王席地坐其旁。太監杜勳自請縋城上，入見，請遜位，帝叱之出。語諸守璫曰「吾黨富貴自在也，前聞勳在大同殉難，已贈蔭立祠，至是方知其從逆」云。次日，守璫曹化淳啟門縱賊入。十九日丁未，帝、后殉國。內監王承恩從死。是午，自成氈笠縹衣，乘烏駁馬，牛金星、宋企郊等五騎從之，自西長安門入，彎弓射承天門榜，中天字下。金星趨進曰：「當中分天下也。」自成喜，入宮，索，不得帝死處，懸賞購之。辛亥，始得而殮殯焉。一時殉難者，大學士兼戶部尚書范景文、戶部尚書倪元璐、左都御史李邦華、兵部侍郎王家彥、刑部侍郎孟兆祥、副都御史施邦曜、大理寺卿淩義渠、左諭德馬世奇、左中允劉理順、太常少卿吳麟徵、右庶子周鳳翔、簡討汪偉、戶科給事吳甘來、監察御史王章、陳良謨、太僕寺丞申佳允、吏部員外許直、兵部郎中成德、員外金鉉、新樂侯劉文炳、惠安伯張慶臻、駙馬都督鞏永固等。其事世多傳，不能盡載。或見義不決，多被賊拘縛考訊以索賄。群賊益驕，各鎮降者皆奴隸役屬之，以是人心不附。平西伯吳三桂聞變，入至豐潤，回駐山海關。自成執其父吳襄，并降將唐通遺書招之，不從，自率兵向永平攻之，未能克。三桂密請大兵繞出其右合擊，諸賊遂大潰，竄還京師，盡殺吳襄家三十八口。二十八日丁亥，悉衆西走。

五月初二日，又敗於定州，斬其僞果毅將軍谷可成，左光先負創走。牛金星以自成爲不足輔，頗有鞅鞅心。而李巖者向固勸自成以不殺者也，其在京師，劉宗敏居田宏遇故第，李巖居嘉定伯府，宗敏日殺人，而李巖於士大夫無所拷掠，又常以大義脱懿安后於厄，而俾之從容自死，軍中多稱之；宋獻策極與善。定州之敗，鹿邑、考城、柘城諸縣令爲丁參將所誘，執送江南，人言河南全境皆復爲明守。自成大驚，與其下謀之。巖曰：「誠予臣以精卒二萬，馳至中州，彼郡縣必不敢動，亦可得而收也。」自成頷之。牛金星言其有異志，勸自成除之。明日，金星以自成命盛爲具，與巖帳飲，伏壯士於幕後，三爵後并其弟牟執而戮之。自成既西徙三晉鄉紳富戶以入關，留降將陳永福、府尹韓文銓守太原，身率軍過河，駐韓城爲策應。以故太常卿張第元爲兵政尚書，給事中耿始然爲刑政尚書，未幾，皆中法死。宋企郊、鞏焴亦被刑。自成性本好殺，爲衆意所矯，强詐稱仁義，以煽惑愚民。既兵敗，輒復狠强自用。住韓城二十五日，鞭撻縣官，斬斮掾吏，召里甲而刑劓之，發壯夫爲丁，多所造作，徭役繁興，米豆芻茭責之民者萬端，韓人莫必其命。又發關中兵西攻漢中，遣降將馬科略四川保寧一路，遂棄山西歸秦。怪風作於西安，麗譙象魏俱敗。

順治二年乙酉二月，本朝大兵至潼關攻之，僞巫山伯馬世耀以六十萬衆大敗，潼關破，世耀死。自成欲返據延安，聞唐通引大兵從黄蒲川西渡，谷英、李過俱潰逃，知西安不能守，令田見秀開府庫，任軍士分持去，倉廩則燒之。自成於十三日出東門至藍田，由商州龍駒寨走武關，以入襄陽，婦女細弱凍死於七盤坡者數萬。田見秀之焚積也，自成欲并以爇宫室市里，會其已去，見秀歎曰：「秦人飢，留此米活百姓。」止燒東城一樓。追及自成於襄州，曰：「已焚矣。」宋企郊等皆於道亡，牛金星亦留而從其子於襄陽。自成至武昌，左良玉時已率衆南下，武昌虛，無人。自成偕其妻高氏、姪李錦即李過、妻之弟高必正及諸將田見秀、袁宗第、劉體純、劉芳亮、張鼐、吳從義、牛萬才等猶從之，其衆尚數十萬，分爲四十八部，居武昌五十日，改江夏爲瑞符縣，設僞令，運銅炭鑄永昌錢，謀奪舟南下取宣、歙，曰：「西北雖不定，東南詎再失之？」將發而陰霾四塞，暴雨烈風，旗槍盡折，乃以四月二十四日改由金牛、保安走延寧、蒲圻，沿道恣殺掠。過通城，命其下四十八部先發，自成令嚴，兵行無敢返顧者。通城有九宮山，一名羅公山，山有元帝廟[五]，山民賽會以盟，謀捍衛閭井。自成止以二十騎殿，又訶其二十騎止于山下，而自以單騎登山入廟，見帝像，伏謁，若有物擊之者，不能起。村人疑以爲盜，取所荷鍤碎其首。既斃而腰下見金印，且有非常衣服，大駭，從山後逃去。二十騎訝久不出，蹟而求之，則已血肉虀分矣。自成死，其下李錦、高必正等爲堵允錫所招，敗逃楚粵間，湖南、嶺表咸受其荼毒云[六]。

論曰：當群賊初起時，李自成名不甚著，然卒至僭僞號、屋明社者，由懷宗末年加徵勦練餉，有司因緣爲奸，民不堪命。自成既破雒陽，假發賑以誘飢民，一時轉相煽惑，以是勢成燎原而不可撲滅也。迨既據有境土，輒相復炮烙衣冠，以肆其恣睢之故習，而毀敗亦隨之矣。彼漢之赤眉，唐之祿山、黃巢，無不摧陷京城，窺竊神器，皆旋即銷滅。自古盜賊罕有能大事者，而況暴戾殘忍如自成哉！觀其起延綏，渡汾晉，往還汴、洛、淮、漢間，所屠滅不可勝計。天兵既入，渠首伏誅，始得出斯民于水火。故未悉盜賊之禍亂，不知撥亂反治者之大有造於斯民也。茲於李自成亦云。

【校勘記】

［一］汜水：底本作「汜水」，按縣名惟有「汜水」，據改。

［二］慶陽鄉寧：「鄉寧」不詳何地，宋世犖案語稱「鄉寧」二字有誤，蓋當時所據底本即有譌誤或脱文。

［三］底本「固」字前一字漫漶，下文「家山」前亦有一字漫漶。《基本古籍庫》載《見聞隨筆》無「固」字前空一字，蓋以原版漫漶而失去也。

［四］候：底本作「候」，據上下文改。

［五］元：當作「玄」，以避康熙玄燁諱改。

［六］荼：底本作「荼」，據文意改。

張獻忠傳

張獻忠，膚施人，與李自成同年生，居衛境之柳樹澗。初爲府快手，後隸延鎮王威下爲兵，以淫掠見收。同縛者十八人，行就戮矣，適陳洪範以别將來謁，縛者仰而呼。洪範爲之請，不得，顧獻忠貌，偉之，復爲請，因獨得釋，決杖除籍。去而從神一魁爲盜，領紅旗先驅，有力，多詭，同夥咸尊事之。

明懷宗崇禎三年庚午，獻忠據米脂之十八寨，延鎮杜文煥兵至，詭乞降。

辛未春，延撫洪承疇奏撫過、十八寨賊首張獻忠、羅汝才等一千九百餘名，未幾復叛，隨王嘉允等渡河而西，號「八大王」，汝才號「曹操」，各率所部擾晉地。

壬申八月，王嘉允死，僞左丞王自用糾合衆賊共三十六營，獻忠偕自用由沁州北入榆次、壽陽，常雄長諸部，李自成不能比也。

癸酉，群賊不和，復分爲七大股，獻忠、汝才仍各長一軍。

二月，總兵曹文詔等會師討之。王自用與賊混世王、姬關鎖、翻山動、掌世王、顯道神、活地草等先後被擒殺，而獻忠亦爲賀人龍、艾萬年所敗，奔突豫、楚間。

甲戌、乙亥，賊在豫境者多至七十二營，聞洪承疇加五省總督，將出關會勦，聚于滎陽，議所向。老狪狪爲盟主，與獻忠議不合。李自成勸以分道立功，獻忠遂東去，蹂壽、潁，陷鳳陽，越紫金城而入，焚皇陵享殿，闢高牆，放孽宗，燒公私廨舍。留守署正朱國相、知府顔容暄、指揮陳永齡、千戶陳宏祖、陳其忠、盛可學等俱死之。賊大書徽志爲古元真龍皇帝，掠陵監響手，縱酒奏伎，就其傍刳孕婦，注嬰兒於槊以爲嬉笑。三日，有賊張盼子者至，揮其衆去。過紅心驛，焚之，再爇池河。南兵部尚書呂維祺、職方郎陳洪謐遣參將薛邦臣以兵壁全椒，趙世臣守浦口。賊走定遠，焚藕蕩，去全椒十八里曰石牌橋，詣神祠卜所向，不吉，碎其像去。李自成西行，與曹、過二賊合返歸德、睢州，而獻忠南趨廬州，裸婦人數千詈城下，少愧沮即鏦以矛，盡銳仰攻。賊將梯其堞以入，踞北城樓歌呼飲。知府吳大樸令壯士飛礮外擊，賊首與樓俱碎，城得全。攻巢縣，破之。至舒城，知縣章可試塞三門，開西門誘賊入，塹其溝以待。賊馬足陷，巷戶出長矛刺之，殺千人。抵廬江，士民具幣求免，陽許之，丙夜襲之，陷。明日攻無爲州，破之。圍桐城，應撫張國維率吳淞總兵許自强來援，安慶得完。潛山、太湖俱不守，令趙士彥、金應元死之。賊由英山、霍山而西攻麻城，掠團風鎮，圍岐亭。楚撫唐暉先以罪罷，總督洪承疇出關，由洛陽至汝寧南，駐信陽境上，豫楚諸賊乃更折而西入秦。獻忠與老狪狪等衆數萬再過商州，而圍鳳翔。

五月，承疇復馳入關擊賊，互有勝負。

六月，曹文詔兵敗於真寧，死之。

七月，尤世威、徐來朝之師俱潰，賊復東出朱陽關，屯聚靈寶。

九月，盧象昇由楚撫受總理五省之命，總兵祖寬、左良玉會兵靈寶，破賊於蕉村。

十一月，李自成至靈寶，與獻忠合，遂陷陜州，進攻洛陽。豫撫陳必謙率祖、左二軍赴救，獻忠走嵩、汝，祖寬敗之於嵩縣之九臯山。又與劉肇基、羅岱等敗之於汝州之圪料鎮，先後擊斬一千四十七級，俘八十四人。獻忠憤，復糾自成等聲言攻雒，與祖寬遇於龍門白沙，大戰復敗。盧象昇由鄖、襄馳至，連戰二日，殪賊千餘。

丙子春，象昇、寬東救滁州，密縣、登封之賊復至嵩。湯九州以一千二百人由嵩深入，敗歿。賊走南陽，從光化入鄖、襄。其後象昇入援京師，王家禎代爲總理，賊由鄖、襄沿流東下，蘄、黃、安、廬一帶俱震動。

丁丑，中樞楊嗣昌用事，奏改家禎爲豫撫，召廣督熊文燦代之。文燦，黔之瀘州人，初以招閩寇有功，欲即以用之於群賊。當是時，賊之在楚豫者稱十三家，獻忠與劉國能、馬進忠、馬光玉、李萬慶、羅汝才、惠登相、賀一龍、藺養成及順天王、順義王者尤著。而羅汝才在鄖縣又與一丈青、小秦王、一條龍分四營。惠登相在均州亦與王國寧、常國安、楊文賢、王光恩分五營。以及馬士秀、杜應金者，不知所自起，皆出自十三家者。文燦刊招撫之令，懸之通都，曰「心示」，諭告諸家賊，待以不死。

戊寅正月，劉國能于隨州降。

二月，馬士秀、杜應金于信陽城外降。獻忠方至南陽，詐稱官兵，叩東門求入，門未啟，而左良玉適至，先驅呵之。獻忠倉皇走。良玉同副將羅岱追及，射之中額，又貫其左手中指于弓檠上，良玉抽刀拂獻忠之面，創未深，再下而馬已逸矣。獻忠既敗，其下薛姓者，韓城人，爲時相薛國觀族姪，每説以就撫取富貴，獻忠頷之。又聞陳洪範已起廢，從熊文燦爲總戎，以舊受恩，故私飾名姝，齎珍幣致謝，并告之以願撫狀。洪範喜，爲言，文燦承制，命監軍道張大經赴穀城受之。穀城舉人王秉真、諸生徐以顯爲之具牒，以百口保獻忠無他心。文燦已入獻忠賄，自念奇貨可居，因張皇其事，具疏聞。而薛姓者復爲赴京入相國觀邸中，以遍通諸權貴，惟中樞嗣昌卻其幣，他俱私受之，咸以招降爲文燦功矣。

獻忠初在途，掠新野丁舉人之妹爲妻，至穀城，復娶敖生員妹，而寄居於方太守岳貢家，因以交于邑之著姓。改其受降時之駐兵處曰太平鎮，曰：「吾欲與穀人共之也。」巡按林銘球至，具櫜鞬迎于交境，禮甚恭。文燦初命選精卒二萬給餉，餘散遣之。獻忠言所部皆壯士，願得十萬人餉爲鄖、襄、荆三郡扞圉。文燦與銘球並爲之請。既而調其兵，三檄不應。左良玉與楚撫余應桂力請擊之，文燦不能從。獻忠覺，致書鄖撫戴東旻，以應桂見疑爲言，詞甚悖。文燦歸過於應桂，以爲撓撫局，應桂遂獲罪。

秋九月，良玉、洪範與滇將龍在田等擊别賊於雙溝，大破之，羅汝才等九營俱走均州，李萬慶走光、固。洪承疇與秦撫孫傳庭亦屢擊敗賊於關中。獻忠怵其餘威，蟄伏不敢動。

十一月，承疇、傳庭奉調入援，率曹變蛟等出關，羅汝才在均，疑爲勦己也，遂率九營叩太和山求撫。文燦使房縣令郝景春與之盟，散處其衆於房、竹、上、保四邑。

己卯春，左良玉破賊馬進忠於鎮平關，進忠降。又同降將劉國能再破賊李萬慶於張家林七里河，萬慶亦降。時賊順天王已先死，順義王爲其下劉喜才所殺，攜其首來歸。餘衆推改世王許可變主之。文燦疏言：「臣兵威震慴，降者接踵。十三家之賊惟革、左及馬光玉三部未服厥辜。可歲月破也。」革即賀一龍，號革里眼。左即藺養成，號左金王。馬光玉與馬守應俱號老㺅㺅，而光玉爲尤老，前在滎陽稱盟主者也。時賊多僞降，文燦方自謂得策，楊嗣昌已入相，亦以薦文燦爲知人。未幾而獻忠、汝才俱叛矣。獻忠之在穀城也，於漢、沔所滙處立關梁，月徵其稅。徐以顯與應城諸生潘獨鰲等皆無賴，教以古兵法，繕器械。術者王又天從監軍張大經在穀，獻忠出己干支與丁氏所生子干支示之，又天屏人再拜，賀皆貴不可言，獻忠心動。又得羅汝才爲聲援，益驕蹇殺掠，時聞野外無居人，漸及闤闠。縣令阮之鈿往，告之曰：「餉缺，聊借餐耳。」鄖撫戴東旻奏曰：「羅汝才詭占屯部，未嘗放兵作田。張獻忠踞邑弄兵，飽食以伺吾釁。若兩部俱動，荆襄之禍不知所終。賊散則難追，合則易殄。今猶檻羊阱獸，若總理會兵出其不意，可一舉滅也。」當時不能用。阮之鈿屢以劉國能効忠諷賊，輒被詈。之鈿知不免，題齋壁，以殺身成仁自期。

五月六日，獻忠反，毁城劫庫，使馬元利從之鈿索印，不與，遂殺之。出攻房縣，令郝景春與子鳴鸞斬賊前驅上天龍於城下，登陴孤守。二十五日，獻忠至，羅汝才與之合，攻城五晝夜不能克。衛弁張三錫通賊，遂陷，景春父子俱不屈，死之。均州五營以王光恩言相與歃血，明不反。已而惠登相、王國寧、常國安、楊友賢等皆叛去。

七月，獻忠去房縣，左良玉率兵追之，羅岱前驅至羅偀山遇伏，力戰被執，良玉大敗奔還，符印俱失，棄軍資十餘萬，士卒死者萬人。事聞，良玉貶秩三等，文燦候代。

八月，楊嗣昌奉命以閣部督師。張獻忠既屢勝，謀入秦，秦督率兵扼興安，遂犯蜀興山、太平等縣，屯永寧關界上，將窺合江、太寧。蜀撫邵捷春遣兵與副將王之綸、方國安分地拒險。之綸軍潰于湯家壩。

九月，國安所部禦賊于三尖峰、黑水河，頗捷。獻忠、汝才分其軍，一從白水之碧魚口入秦，一從合江之蕭家坡入楚。先是，別部賊馬光玉敗於淅川，許可變與安世王、胡可受俱降。

十月，賀一龍犯光山，亦敗。

十一月，王國寧再自歸，楊嗣昌受之，處其妻子于樊城。餘賊分三股，西則獻忠負嵎楚、蜀之界，東則養成、一龍等豕突隨、應、麻、黃，南則汝才、天相等蟻聚漳、房、興、遠間。

庚辰正月，楚師敗績於麻、黃，時議東略稍緩，京兵、滇兵多聚西南。嗣昌規形勝，以襄陽爲根本，濬濠列戍，晉左良玉爲平賊將軍，先行獻忠之誅，餘賊以次第翦滅。

閏月二十四日，良玉合諸軍擊賊于枸坪關，獻忠敗走。良玉追之入蜀。

二月朔，抵漁溪渡。于時獻忠方營太平縣之大竹河，規取其邑，以休士馬。良玉駐軍漁溪渡之兩日，而秦督崇儉亦引其兵來會。獻忠聞兩道俱至，乃移營九滚坪以待。官軍見瑪瑙險峻，將據之以決勝。左兵、秦兵以初四日追賊于九滚坪，不見賊，良玉部勒行伍，指畫形勝。初七日，始抵瑪瑙，而賊已奔山巔結壘，乘高噪，其氣甚盛。良玉下馬，披荆榛，相險易，周覽者久之。既而謂所親信曰：「吾知所以破賊矣。」分所進道爲三：左兵當其二，秦兵當其一。令曰：「聞鼓聲而上。」左所部或衝其中，或衝其右，而賀、李二將從左路夾擊。賊置陣堅不可動。官軍奮勇鏖戰，賊潰，墜崖澗亡算。追奔四十餘里。左兵斬首二千二百八十有七，内有掃地王曹威、白馬鄧天王十六級，皆賊將。而張大經亦爲官軍所殺，獻忠妻妾九人，被擒者七。獲僞金印一、鏤金龍棒一、僞令旗令箭各八、卜卦金錢二、馬驘千餘頭、甲仗軍貲以數千計。陣降賊將三百三十八人。秦兵斬首一千三百三十有三，降賊將二十五名。人龍所將卒獲上賜熊文燦準撫獻忠敕書。別將收獻忠大刀，上鏤「天賜飛刀」四字。是役也，左良玉功第一，賀人龍次之，而楚將張應元、汪之鳳亦以是月十六日追賊於水石壩，斬馘九百。獻忠又走盆溪、千江河。蜀將張令、方國安於十九日與戰，復破之。張令者，故奢崇明降將，年七十餘，能馬上用五石弩，中必貫革，爲賊所憚。獻忠乃由千江河之十二灣轉入柯家坪。其地崇牙錯峙，箐薄綿亙，賊彌山漫谷，依阻其中。張令於二十七日分其軍爲五，負勇爭利，賊衆我寡。方國安支軍後距，取儳道得脫。而令深入被圍，居絶坡之中，猛氣彌厲，挽强持滿，屢奔賊營，應弦以斃者甚衆。而水遠士渴，賴天雨得濟，圍終不解。鄖襄道張克儉犒軍入蜀，謀於秦督崇儉曰：「張令健將，奈何棄之？」急呼張應元、汪之鳳從八台山進，賀人龍從滿月嶆進。

三月八日，過箐入坪，楚兵先至，張令方與賊鬬，呼聲動巖谷，内外合勢，賊乃解去。應元、之鳳之功居多。然張令以五千人當賊數萬，相持十三日，力戰，得不殁，所殺賊亦數千，人皆服其勇云。獻忠既解去，尋自鹽井竄興歸界上，賀人龍偕李國奇、高傑等追擊，兩敗之，至木瓜渡，秦、楚、蜀三師皆會，斬賊千二百有奇。黄墩再戰，復斬賊三千。

四月，左良玉大軍進屯興安、平利，諸山連營百里，諸將憚山險，圍而不攻。賊重賄山氓市鹽芻米酪，其人有反爲賊耳目者。獻忠收散亡、養痍傷，氣乃稍稍振。久之，自興、房走白羊山而西，西即羅汝才入寧昌道也。初，汝才之在寧昌，其地阻江爲險，汝才與惠天相分兵出羊頭坡規渡大昌，參將劉貴擊之半濟，尋犯巫山、石砫，女將秦良玉盛兵雒門，扼百子溪，不得過。賊再縛筏巴霧河。四月四日，副將秦翼明以三千人設守大昌，游擊楊茂選力戰卻之。汝才既屢挫，潛求附於獻忠。獻忠之走白羊山，即巫巴深險處偃息旗鼓，轉入轉西。汝才之聲援漸近，既至，遂與之合。獻忠剽悍，雖累敗，不以氣下汝才。汝才分士馬以資之，語次頗憂江險難渡。獻忠曰：「不然，立馬江岸，有不前赴者斬之！」其下爭死鬬，劉貴等不能禦，皆退，賊乃由魚住溪渡江，結營萬頃山苦桃灣，其别部陣于紅茨崖青平寨，歸、巫之間震焉。督師在襄陽聞之，曰：「二賊合，西陲必儆。」因引其軍進駐彝陵。彝陵與巫山接壤，荆楚之門戶。先是楚撫宋一鶴鎮當陽以滇兵，內監劉元斌控荆門以禁旅，地勢相爲犄角。督師標兵三萬餘人，餉部張伯鯨委輸，至者八十七萬。幕府監軍袁繼咸、萬元吉皆奇士，有智謀，故總兵猛如虎以白衣從征自效。文武將吏一志專力，賊且旦暮可滅。而嗣昌不善駕御，諸將吏多解體。且天氣漸炎，士馬在山中染疫物故日多。京兵在荆門，雲兵在簡坪，楚兵在螞蝗坡，久屯思歸，每每夜亡去。

五六月間，羅汝才、惠天相等再越巴霧河侵開縣，鄭嘉棟、賀人龍等禦之，頗有斬獲。汝才等東奔，惠天相特過開縣而西。人龍復折回追之。嗣昌在彝陵便宜招撫，爲諭帖萬紙散之。賊中革、左全營自歸，未幾颺去。王光恩素有善意，并說其八營俱降，見閣部猶豫不能專決，久之，八營之降者復叛。

七月中，羅汝才、小秦王、混世王等自蜀折回興山。楚兵之備興者副將王允成、王之綸等，京營總兵孫應元等以十四日擊之豐邑坪，大有斬獲。十六日，小秦王、混世王降，惟汝才佚去。嗣昌見楚地不足憂，乃以八月二十六日入蜀，楚兵自達州入夔，營於土地嶺。獻忠來攻，張應元、汪之鳳苦戰不決。賊分從山後突入營，官兵譁，應元中流矢突圍走。賊渡巴霧河，之鳳亦道死。賊退屯圓渡坪。

九月，惠天相請降，嗣昌慮行營雜處非便，俾前後降者分屯房、竹間。賊得免死牌，莫肯散，自擇便地連營數百里。河南、北大祲，飢民就食襄漢者日數萬，賊因之闌入。鄖襄道張克倹心憂之，嗣昌以爲不足慮。方上書謂「逆獻指日授首，然後掃除餘孽，拜見闕廷」。給事張縉彦曰：「督師專征以來所上章，前後多不相蒙。瑪瑙山獻忠單騎奔逃，已而突巫山、掠巴東，所在見告。革、左全營歸命，不數日，皖將又以陣亡。今謂過渠束手竹、房，漳、保已無内顧，泝歸、巫而上，盡敵可期，在督師定有成算，迥非前事之比，然臣不能不慮之也。」

十月，張獻忠襲破蜀兵於馬上渡，遂陷大昌，蜀將張令中箭死，石砫女將秦良玉亦敗，監軍萬元吉檄諸將守險。獻忠從竹菌坪突過淨壁，進屯開縣。邵捷春自收其兵扼梁山。羅汝才自豐邑坪返走，再與獻忠合。獻忠以梁山河水深，不得渡，乃與汝才謀曰：「達州河淺，不如自開縣西走，復東向而趨達州。」時方國安奔敗，引殘兵保達之郊，獻忠至，不敢與之爭。賊既渡，遂長驅深入。捷春退屯綿州，扼涪江。賊疾走，陷劍州，趨廣元，將從間道入漢中。趙光遠、賀人龍拒於平陽之百二丈關，不能進，乃踰昭化，復走巴西。張應元合楚、蜀官兵邀之於梓潼，戰小利。賊返鬭被衂，蜀將曹志耀、王光啟、張世福等力戰卻之，降將張一川、張載福俱陷陣遇害。捷春涪江師遂潰。賊屠綿，過浮橋，直抵成都。

十一月，嗣昌進軍重慶，萬元吉大享將士於保寧，以諸軍進止不一，立大帥以統之，用猛如虎爲正總統、張應元副之，率其軍趨綿州，諸將分屯要害，而元吉自間道趨射洪，扼蓬溪以待賊。賊方屯安岳之周里塲，諜知官軍且至，宵遁，抵内江。猛如虎選驍騎逐賊，元吉與應元營安岳城下，以遏賊歸路。

十二月，嗣昌在重慶下令赦汝才罪，能降者授都司以下官，惟獻忠不赦，有能擒斬者賞萬金，爵通侯。次日，堂皇庖湢徧題「有斬閣部來者賞銀三錢」。嗣昌大驚，疑左右皆賊。勒三日進兵，會雨雪道斷，再戒期視師。三檄賀人龍，驕蹇不奉約。初，嗣昌憂左良玉跋扈，人龍方破賊有功，私許以代左爲平賊將軍，賀人龍大喜過望。已良玉有瑪瑙山之捷，嗣昌禮重之如故，顧謂賀將軍且需後命。賀不得意，且以前語告左，左深阻內恨，而人龍褊中顯，謂其衆曰：「閣部不足爲儘力。」當獻忠之敗瑪瑙山而走也，追急，賊遣馬元利操重寶說左曰：「獻忠在，故公見重。公獨不知思乎？公聽所部多殺掠，而閣部猜而專。無獻忠，即滅不久矣。」左心動，即縱之去。獻忠在山中得收集潰亡，左兵驕玩，久之不擊。督師數移文責讓於左。賊窺知其故，於所過要路，故署其壁曰「某日候戰」，又不到。欲挑兩人釁而乘之。左憂閣部聞之而按之也，順旨請急戰，然其中實不用命。萬元吉雅知兩將皆怨望，進曰：「軍心不一，未可以戰。盍令前軍躡賊，後軍爲繼，中軍從間道出梓潼扼歸路，以徐俟濟師。此萬全策也。」嗣昌不能從。獻忠陷瀘州，瀘州三隅皆形銳而面江，止立石站一路可北走。萬元吉抵立石，獻忠移營渡南溪返走。秦師屯小市廂，隔水而陣，詭云追之不及，獻忠遂越成都走漢川、德陽。元吉馳至籍田舖，獻忠渡綿河入巴州。

辛巳正月，嗣昌統舟師赴雲陽，檄三軍陸道追賊。諸將盡從瀘州躡賊後。賊自巴抵達，逡巡及於新、開。猛如虎等追至開縣之黄陵城，日晡雨作，諸將請以詰朝戰。參將劉士杰奮曰：「吾四旬逐賊，今乃及之，舍而不擊，縱使佚去，吾不能也。」如虎激其衆，鼓而並進。士杰所當摧陷，賊大披靡。獻忠登高以望，見無秦人旗幟，而左兵亦攜阻不前。士杰孤軍跳盪，後無繼者，廼密抽壯騎，前行箐谷中，乘高大呼馳下。左兵先潰，士杰及游擊郭開、如虎之子猛先捷皆戰死。前後既覆，如虎率牙兵苦戰，中軍馬智挾如虎潰圍，圍開，衝突以出，旗纛軍符盡失。嗣昌在雲陽聞敗，頓足曰：「吾悔不用萬參軍之言，故敗。今惟急歸楚，顧根本，再破賊。」退回重慶。傳箭召潰兵順流東下，賊已席卷出川，燒新開驛，置楚蜀消息中斷。襄陽尚未審知敗問，賊大隊已至當陽。鄖治袁繼咸謀出軍邀之，獻忠令汝才與之持，自以輕騎一日夜馳三百里，遇督師軍使於宜城道中，刼所持符驗，遣劉興秀等二十八騎以二月四日晡叩襄陽，曰督府調兵。鄖襄道張克儉合符信，啟關納之。先是，瑪瑙山之戰，獻忠妻敖氏、高氏被獲，嗣昌發置襄陽獄中。潘獨鰲亦於大坪溪被獲，并敖氏之兄及養子惠二者同繫襄陽獄。郡守王承曾年少而佻，每晚按囚簿呼名，悦敖氏、高氏之艷，託以問賊中事，笑語頗洽。獄吏多與賊通者，潘獨鰲等得以脱桎梏，飼酒肉，往來不復禁，防禦頗疏。嗣昌以獻忠飄忽，嘗下檄爲戒。承曾笑曰：「是豈能飛至耶？」是晚賊寓承天寺中，夜半寺火起，襄王府門亦火，潘獨鰲毁狴戶，偕敖氏等出，張獻忠大隊亦隨至。城陷，張克儉偕推官鄺曰廣死之，襄王被執，獻忠坐王堂上屬之酒曰：「吾欲斷楊嗣昌頭。嗣昌在蜀，今當借王頭使嗣昌以陷藩伏法。王其努力盡此酒！」遂害之。居兩日即去，陷樊城，返而破當陽、郟縣，招汝才之兵東下。是時李自成先從商洛山中出，陷洛陽，殺福王。楊嗣昌出蜀。

三月，抵荆州、沙市，聞兩藩被害，撫膺大慟，以後事付元吉，遂自裁。獻忠攻光州北城，入之，又陷南城，汝寧而南，商、羅、息、信殘破幾盡。既聞楚撫及禁旅之在蘄州也，乃燒固始西關，分其軍爲二：一上茶山，一走應城，將以躪德安，窺陵寢。德安守將出戰，賊斃于礮矢甚衆，攻應城應山者皆不下。知隨州徐世淳間使三走郢告急，楚撫發偏師來援，巡道趙某勒之守郢弗遣。

四月二十五日，賊隳北城以入，世淳勒馬巷戰，陷胸穴股以死，子肇梁亦死，兩妾及臧獲死者二十七人。

五月，左良玉次南陽，躡賊于西山，賊敗走。獻忠、汝才合兵攻南陽。知府顔日愉、指揮王汝章禦卻之，日愉力瘁卒。獻忠破信陽，獲左兵旗幟，命其下假之以趨泌陽。初六日夜，大雨，獻忠乘以入泌陽，令王士昌不屈死。明日，左良玉始至，賊已遁。良玉不戢士，泌人脱于賊者，遇官軍無噍類。賊圍唐縣，已而再攻應山。應山之民工射獵，毒弓矢傅人肉沸爛，故賊再攻不克。

七月，獻忠圍鄖陽，鄖陽有降將王光恩設守，出兵禦之，多殺傷，獻忠遁走。會總兵黄得功戲下叛兵投之，賊大振。良玉率馬進忠、吳學禮、杜應金等追之至南陽，疲敝，未能進。獻忠又佚而之鄖西。鄖西守將兵變，陴障弛，賊因以入。獻忠既拔鄖西，群賊蟻附以萬計，方東掠地至信陽，屢勝而驕，且謂良玉爲不足畏。前者賊敗瑪瑙山，良玉于獻忠實縱之，既陷襄陽，諸將家屬之聚處于襄者盡爲獻忠所戕，故其下致怨，距躍思鬭。

八月，良玉乃從南陽進兵，及之于信陽，大戰，斬其頭領沙某，奪馬萬餘匹，降其衆數萬，獻忠射中股，負重傷，乘夜返而東奔。郢撫邀其前，馬進忠躡其後，過龍岡、蘇家坂、兔兒溝、五股泉，四遇，盛斬獲。獻忠負創不能馳，保其婦女小子日行數十里。良玉自鄖北發兵追之，賊已入掌握。會轉饋在興安，由興達信百二十里，大雨五日夜，江水暴長，溪道絶，文武將吏首尾離置者數十處，賊已從南陽挺逸。總督丁啟睿檄楚撫扼蘄黃，豫撫扼光固，馬進忠趨隨，牽賊之東，猛如虎趨皖，防賊之西，督師左兵分行急躡，掃除殘醜。羅汝才有不慊于獻忠，先在內鄉，徙營走別道往詣自成，獻忠前驅八哨又爲自成所邀取，竄伏商固山中。是時革、左五營在英霍，溪谷深阻。前監軍楊卓然以說降受侮。賊且伏且叛，依林樾，避炎歊，火作而入，秋高而出，歲以爲常。山城長吏挈其章視事於瀕江洲渚，邑居聚落，荒梗無行人，獨桐城吏民修完繕固，皖將李自春、廖應登、汪正國等託援桐爲名，沿途鈔暴。賊是以愈逞，剟舍翦巢，轔潛山而殺其令，間鼓行于羅田、光山之間，越險隘，謀合獻忠。楚兵力遮之于刀山燈草坪、茶溝，不能過。獻忠亦以奔敗而思與之通也。

九月，出商城之牛市畈，取道向英山。商固之師厚集其陣于東界嶺待之。已而監軍孔貞訓、副將王允成大破之于望雲寨。獻忠衆道散且盡，乃因汝才以奔自成。當襄陽之陷，獻忠自詡威名遠出自成右，及軍敗往歸，所從不過數十騎。自成欲以部曲遇之，不肯屈。自成將殺之，汝才力止，曰：「留之擾漢東以分官兵之勢，可乎？」資以五百騎，麾曰：「亟引而東，合左、革，此地非若所當留也！」獻忠東奔，於道糾合一斗穀、瓦罐子諸賊，佯以推奉自成，自成兵益强。項城之潰，傅宗龍歿，丁啟睿、左良玉以兵救汴，獻忠得以其間走英霍，就革、左約，則大喜。

壬午三月，合而進圍舒城，舒城缺令，參將孔庭訓、邑紳編修胡守恆同飭備。庭訓兵淫掠，舒人逐之，庭訓怒而降賊，教以衝柵穴城，穿數處，守恆督守堙者塞之，賊射札約降，守恆燔諸堞。

四月三日，城陷，賊鏦守恆腹以矛數十創而死。未幾，六安州亦不戒於守。州有川將覃世勛、乙邦才、王憲設守，獻忠約豫寇袁時中屯於板山，世勛拳毆知州朱謀夷於庭，爲州人所逐，遂通賊。城陷，獻忠取其郊保蓮花寨之民以益其軍。

五月，獻忠屯舒城之七里河汪家灘，令土人刈麥。候騎至白露寺，去廬州八十里。監司蔡如蘅黷貨而虐，衆不附。賊諜者滿城中，盲弗知。學使者徐之垣以試士至，賊僞挾書囊筆，襲儒冠以入，漏三下，卷甲而趨之，城上舉火應，之垣、如蘅及合肥令湯登貴縋城遁，守將廖應登巷戰，殺十數人而走，太守鄭履祥死之。尋陷無爲州。

六月，陷廬江，還屯舒城之白馬金牛洞，習水師於巢湖，合老哨三十二營、小哨二十四營，會皖口。

七月，復陷六安，獲男婦，悉殊其臂。太監盧九德以黄得功、劉良佐之兵救之，營於夾山，再戰敗績，江南大震。初，漕撫朱大典專辦革、左五營無功，落其職，改用高斗光爲鳳督，半載而失事者五城，爲給事時敏所糾，與皖撫鄭二陽俱逮治，而起馬士英於謫籍以代之。兵侍郎馮元飇言於朝曰：「巢湖環八百里，經兩濡口達大江，孫吴所置塢也，屯兵爭衡曹魏。今舍之以資寇盜，俾收艅艎，窺天塹，南都危矣。」

九月二十四日，總兵黄得功、劉良佐等大破獻忠於潛山，斬首六千餘級。獻忠之在巢湖也，焚樅陽，奪商舟百餘艘，募櫂船卒謀南下，聞得功兵至，走而營於古城、長嶺、潛山之險阸處也。得功等以夜半至，緣山背譟而升，賊大擾，越崖澗奔，官軍追之。自古山、天井湖、黄泥港六十里，横屍無算，奪畜産數萬，救回難民數萬人。賊腹心謀士婦豎皆盡。於是革、左棄獻忠北去，從李自成于開封。獻忠引而西，便道攻桐城，不下，遂走蘄水，會官軍以鳳皖急，謀東備，去而擊袁時中於潁。

十一月，獻忠乘虚出自天堂山，拔營至三祖寺，以三百騎襲破太湖。

十二月，攻桐城，不下。當是時，左良玉避李自成于襄陽，從武昌東下，盡撤楚兵，以從蘄黄諸城集土團之不能勝甲者以守。獻忠聞之，舍潛、太而攻黄梅，知縣張聯芳遁，民之逃於太白湖者僅以免。

癸未正月，破廣濟，尋破蘄州。

三月，蘄再屠且盡。蘄先期有飛雀萬餘投南城濠樹杪，發火，火器不爇自震，鬼白晝牆上騎而揶揄人，至是乃驗。守道許文岐被執，至望華山，不屈死。荆王先一年薨，桂妃及世子遁至九江，幸弗及黄州南城門，哭五日。

三月，破蘄水，黄人聞，盡逃，惟女子不及行。二十四日，賊入，擇其嬌麗者驅之夷城，緩者斬指墮腕，血滲漉淋壁間。三日城平，乃殺而投之以填塹。黄有惡子張以澤，先期集亡命迎賊，生員李時榮拜馬首降。

四月，獻忠連破麻城，仁里會之首曰湯志，殺諸生六十人，而推其中之與己合者曰周文江以應賊。楚士大夫僕隸之盛甲天下，麻城尤甚，梅、劉、田、李，强宗右姓，家僮不下千人。寇既作，思齊以尺伍爲捍蔽，聽其下糾率同黨坎牲爲盟，曰仁里會，諸家競飾衣甲以誇耀之。其人既得志，遂炮烙衣冠，推刃其故主而投賊。獻忠倚爲鄉導，蘄、黄凶黠少年多歸之，故中寇禍比十數城尤烈。賊改麻城爲州，以文江知州事，故金吾劉僑獻二妾、數萬金于賊以免。于是張以澤、李時榮等獻策渡江，招星辰湖漁人具舟待濟。賊犯漢陽甚急，武昌賀相逢聖，因長史徐學顔入見楚王計事，王命中人出高皇帝分封時金裹交椅一，曰：「此可佐軍，他無有。」逢聖哭而出。武昌參將崔文榮者，壯烈士也，歎曰：「事迫矣。」潛師渡江襲賊，斬六百級，衆不敵乃還。漢陽陷，楚省士民宗室初匿保通城崇陽山中者爲土人所苦，挐孥以歸，謀撤江上兵嬰城守。文榮曰：「守城不如守江。團風、煤炭、鴨蛋諸洲淺不及馬腹，縱之飛渡，而嬰城坐困，非策也。」

五月五日，賊從團風渡襲武昌縣，入之，縣去會城百里，邑中虛無人。賊出其軍駐樊口。文榮乃營于郊，扼之于洪山寺，既而斂兵入城，以副將胡某守洪山。是時賊大營尚在江北，會楚府募兵官張其在者有罪被笞，往投之，盡以軍情輸賊，而李時榮之族居省城，約內應。二十三日，賊全軍從鴨蛋洲畢渡，營于葛店。二十五日，先驅至華容鎮，踰日抵洪山。時胡副將退入城，而賀逢聖、崔文榮壁武勝門。賊以二十九日傅于堞，文榮儘力扼守。賊大掠金沙洲，攻轉急。道臣王揚基傳箭開門，詭言有事，漢陽同推官傅上瑞棄城遁，楚府新兵開保安、文昌二門納賊。文榮方出闘回，闔城扉不及，躍馬鳳凰山，持矛大呼，殺三人，賊攢槊刺之，洞脇墮。徐學顏左臂殊，右手持刀不仆，被支解。游擊朱士鼎，賊砍其左右手棄之，士鼎縛筆于臂作書乃殪。逢聖衣冠向北再拜，賊揮之去，曰：「此賀佛也。」賀曰：「我大臣，不可苟活。」自投滋陽湖王會橋下，屍沈百有七十日而不壞。武昌通判李毓英全家自經，邑紳馮雲路、熊雯駡賊死。明生員者驅妻子入井中，而己從之，人號爲「明井」云。楚王被俘而沈之江，妃自殺。獻忠見其庫中金，歎曰：「有金如此而不設守，朱鬍子真庸兒也。」賊宣言宗室送降者不殺，楚宗多投牒願從，或有他姓攙其中，冀以免，既而白刃交下，欲自辨無及矣。男子十五以上二十以下録爲兵，餘連項就戮。賊持刀者腕爲脱，乃佯開漢陽門縱之去，門偪水，人囂呼蹈籍，鐵騎圍而蹙之江中，自鸚鵡洲達於道士洑，浮骴蟻動，水幾不流。踰月，人脂厚累寸，魚鼈不可食。婦女别而纍，有殊色者入婆子營，亦置隊長，監以賊目，而收其值給軍用。獻忠據楚王第，鑄西王之寶，改武昌爲天授府，江夏爲上江縣。以周文江爲兵部尚書，張其在總兵前軍都督，以李時榮爲巡撫，謝鳳洲爲守道，蕭彦爲巡道，陳駇六爲學道，給有僞勅印。以周宗文知天授府，沈會霖知漢陽，黄元凱知黄州，開科試士，取七十八人，補二十一州縣官并佐貳，各賞銀有差。遣人招興國州柯、陳二姓兵降之，以湯志爲僞游擊，守麻城，防鳳、皖；以張以澤爲僞總督鎮蘄、黄。李時榮死，以謝鳳洲代之。漢口人周五者首其地富人多亡匿，出兵搜牢，獲千餘舟，士女赴水，溺者無算。是時李自成兵將至漢陽，聞獻忠先期得楚，怒，貽書恫喝之。而左良玉以其軍西上，遣總兵方國安、副將徐懋德、馬士秀破賊於蘄州黄石港。楚諸生程天一集鄉兵二萬夜擊賊於大冶，擒僞知縣奚鼎鉉殺之，沈會霖聞風遁。官兵至黄州，白雲寨長易道三執僞知府王元凱，遂復黄州。初，獻忠踞武昌，有大志，故於屬城不甚殘殺，嘗題詩黄鶴樓，令其下屬和，詐收人心，發金以賑武昌、漢陽難民。已聞楚師漸集，乃留張其在、謝鳳洲等守城，以養子名四虎者駐金沙洲，而己率大營爲浮橋於金口，悉衆西渡，分兵爲三：一軍白羅山，一軍白石磯，一軍蒿洲。屯舟師於湖中，息馬山谷間，將以窺岳州、長沙，未發。於是左營諸將毛顯文、常國安、郎啟貴、于自成、段鳳翔、秦天祿等連營而前，次於陽邏堡。蘄、黄四十八寨民兵皆應常國安，以舟師前進，賊騎百餘夾江而射。國安轉戰，自白雲閣至金沙洲，四虎先期遁，奪其舟百艘，退屯漢口，翌日進攻各門。賊開漢陽門出戰，逆擊於鱷魚套，敗之，遂乘以入。張其在焚黄鶴樓及宗人府第俱盡，率諸賊開保安門西走，斷黄會橋以防追者。謝鳳洲自殺，僞知縣漢陽燕某、蒲圻涂良極、黄岡王爾忠等悉被擒。鳳督馬士英屯壽州，遣六安諸生黄鼎潛行入麻城諸寨謀之，劉僑、田生蘭、周從極等說周文江以反正，斬賊將方子雄於鱷魚套中，擒湯志，數其四罪，磔之，傳首壽州。别將徇興國、大冶，監軍道王瓆屯武昌，沔陽知州章曠駐漢陽，黄安、黄陂皆自殺其僞令，上流三郡悉定。獻忠已率衆西行，左兵鐵騎營追賊，及之於金口，擒其殿後僞總兵鄧雲程殺之。獻忠時已陷咸寧、蒲圻，岳州大震。沅撫李乾德、總兵孔希貴、監軍道許璟率兵二萬守陳陵磯。乾德思以計破賊，許其民將妻女出，自匿壯士健馬，詭稱父老約降賊，入盡殲其前部，割四人耳以歸之，賊憤而致死。乾德蔽林植旆爲疑兵，埋大砲，積薪翳之。賊誤舉燔則迸裂，燔五十騎，再置巨艦中流，計矢石可及，却不進。賊連弩注射，度且盡，即突擊，凡三戰三克。力已疲，賊更番迭休，驅其衆二十萬百道仰攻，不能支。乾德、璟走，希貴退屯湖陰，已而亦走。獻忠既得岳，謀過湖，卜于洞庭神者三，不吉。投筶大詢，歛千艘于湘潭，將渡，風大作，覆其百艘。獻忠怒而還岳，連巤艑，載婦女，積薪灌油延燒四十里，夜中水光如晝。遂騎而逼長沙。長沙故吉藩封處也，惠王之去荆州走湖南，舟覆陳陵磯，宫眷溺，王僅以身免。其入長沙，兩王相見，日憂賊，顧不知修備。去長沙六十里有鳥道，可柵爲守，推官蔡道憲力請之，王自堞其宮垣，擊欜巡徼，不能有以應也。巡按御史劉熙祚檄長沙總兵尹先民、副將何一德以萬人守羅塘河，孔道貴屯三稍磯，而道憲醵官錢爲柵，斷陸道。柵不盡成，賊入之，先民、一德降。楚撫王聚奎時在城中，事急，又以其下返走江夏，李乾德氣阻索，偕熙祚、道貴奉吉、惠二王走衡州。賊傅城下呼道憲趨之降，曰：「吾軍中知爾名，毋自苦。」道憲手注弩射之。三日，城陷，嚼齒大罵賊，遂遇害。健卒淩國俊等九人追侍道憲不去，賊初勸道憲降，國俊曰：「如吾主可降亦去矣，不至今日。」賊云：「爾不降不得生矣。」國俊曰：「如我輩願生亦去矣，不至今日。」賊并殺之。內四卒奮曰：「願葬我主骨骸，而後就死。」賊義而許之。四卒解衣裹道憲骨葬之南郭，乃自剄。獻忠封先民、一德爲僞伯，以蒲圻令李鳳起知岳州府，通守任維弼爲長，岳道邑紳史可鏡者降賊，僞授長辰常巡撫，賊去，爲官軍所縛，李乾德加拷訊，械至南都伏法。可鏡固省垣有聲者也，其末節如此。獻忠尋破衡州，桂王走永，獻忠拆桂邸殿材至長沙，造僞殿。令尹先民守衡州，而追三王於永。劉熙祚親督水師禦賊，遣中軍護三王南入西粵，而己入永州死守，奸人內間，城陷被執，題詩永陽驛，被殺於寧鄉孔廟中。是時死難者湘陽令楊開、衡陽令張鵬翼、東安令陳道壽，而開以闔門殉云。獻忠破寶慶，于常德被兵尤酷，常德故督師楊嗣昌所居地也。初，督師以榮王在常，築新城甚固。比獻忠入湖而王薨，世子幼，王弟仁和王奉王太妃、姚妃走辰溪，吏民多隨之。獻忠修舊郤於故相，已過復還，發其祖父塚，殊顱焚骨，葬有年矣，反見血焉。進圖辰州，自桃源以上大山峻嶺，石灘險不可上，土司兵守辰龍關，乃已。江西袁州於湘陰交境，賊將張其在蹂躪出入，左兵已收而復陷，吉安僅能自守，屬城永新、安福皆破，再陷建昌、撫州、南豐等邑。廣東南韶府屬城俱逃，道臣王孫蘭請救，不應，憤而自經。潯、桂、賀、全之間，蔑有固志矣。岳州亦已復再失，左兵駐武昌者咸震動。或有獻計東下取吳越者，獻忠終忌良玉在，乃決計入蜀。蜀撫陳士奇者，閩之能文家，性敖率，無他籌略，緣劾免候代，軍不放糧，無與分遮十三隘口，賊至巫山梅子坡而飢，以無兵故入之。

大清順治元年甲申春正月，張獻忠陷夔門，故撫士奇出兵扼重慶，巡按劉之渤守成都。

二月，賊在萬縣，湖灘水漲不得上，留屯者三閱月。民皆逃避，賊誘以降者不殺，既出，悉驅之入水。賊徒健鬬者十餘萬，負載者倍之。置橫陣四十里，兩岸步騎夾舟進，安行以入涪州。涪守將曾英亦閩人，向以偏裨著功于夔門，涪守道劉鱗長特器重之。士奇之在重慶也，命其將趙榮貴扼梁山陸道，而英與鱗長守涪以扼江。賊至，榮貴望風走。英與戰而敗，退至五里望州關，賊追砍其頰傷，英手殺數人，跳而免，與鱗長遁川南。而重慶下流四十里曰銅鑼峽，賊由涪上江路所必經，士奇宿重兵以守。獻忠以六月八日入涪，分舟師泝流犯峽，而已則登山疾馳一百五十里，破江津縣，掠其船順流下，不三日而奪佛圖關。重慶山壁立而水環之，惟南錦門、佛圖關通一綫。賊既得關，則銅鑼峽反出其下，兵驚擾不能支。賊發民墓凶具，負之以穴城，而置大礮爲火攻。十二日，城遂陷，瑞王遇害。王自漢中避地重慶，隴西士大夫多從之，至是被執，天無雲而雷震，殺賊數人。獻忠怒，亦縱礮與天相角。已而雷止，遂殺王，衣冠從死者甚多。賊執陳士奇，强之跽，不從而駡。賊斷其手足，剜目割舌死之。知府王行儉、巴縣令王錫亦被執，不屈死，錫駡賊尤烈焉。成都聞儆，蜀王將遷於滇，既而不果。劉之渤暨成都令吴繼善屢請王分内帑餉軍，亦不從。

七月，新撫龍文光、總兵劉佳允率官軍三千從川北至，謀設守，諸王大姓逸去者半。

十月五日，獻忠騎兵從資陽，水兵從洪、雅、新津薄城下，佳允出禦大敗。賊四面縱火，文光急遣人往灌縣決堰水注錦江，以益城濠。賊攻甚急，城内發火器擊傷賊首闖世王，餘賊被傷頗衆。閏九日，大雷雨如注，守陴者不能立，賊間諜在内舉火，獻忠於城外西北角上穴地透城，中填火藥，械發，城遂崩。城内諜者以大斧斬城東關，放賊入。比灌縣水至，而已不守矣。蜀王自沉於井，王妃殉焉。文光、佳允投浣花溪中。之渤被執，强以官，不屈，縛於端禮門，攢弓射之，至死駡不絶聲。推官劉士斗、華陽令沈雲祚俱冠帶南面自縊死。

三月，出蜀王屍於井，獻忠手刃之，沉江中。

十一月十六日，獻忠僭僞號，稱大西國，改元大順，以成都爲西京，置僞東閣、六部等官。汪兆齡爲東閣大學士，胡默爲吏部尚書，王國寧爲户部尚書，吴繼善爲禮部尚書，龔完敬爲兵部尚書，李時英爲刑部尚書，王應龍爲工部尚書。其餘九卿科道等俱全設，以王尚禮爲中軍提督，竇名望爲皇城都指揮使，馮雙禮爲後軍都督，張定國爲前軍都督，馬元利爲左軍都督，張化龍爲右軍都督。張可望爲平南監軍，張文秀爲先鋒，張能奇爲將軍，俱加以宮保銜，節制文武。封蜀世子爲太平公，未幾，鴆殺之。取士試一場，用經書義論、策、表各一，判五，取龔濟民等若干人。時應召者不下數千，濟民以名稱賊意，得狀元。又探花熊某者，什邡縣儒童，年六旬矣，禮部上其策内有云「西蜀一隅，遊其中如井底蛙」等語，賊怒其譏己，立磔之。下令禁軍民遊交，雖父子夫婦，同室不敢私語，冠、婚、喪、祭不用樂，不飲酒，黄昏即閉門就臥，不得張燈，犯者上下九家連坐。置邏者日以數千計，僞爲乞丐、貿易，往來民間如織，凡嬉戲謔笑，咸指爲偶語，縛送王尚禮，所株連動以百千。五日一點驗，有事不赴者按爲奸民殺之，連坐其鄰，籍其家，婦女入爲官奴。城内人不得出，入者給年貌牌，并于左頰印記，比出，或誤抹去，雖存牌，執爲間諜，送兵馬司煅煉殺之無虚日。僞宮中夜爲鼠所撓，漏三下，忽傳令兵夜各殺一鼠，而詰朝交轅門，不者以首獻。是夜，兵皆毁屋窖地取之。轅門之外，鼠成京觀，其以無鼠至戮者亦千餘人。或云成都城至今少鼠，賊之餘威云。除城内道寬十丈，令縱如矢，横可容五十騎，毁民居爲之。傳檄州縣。知崇慶州潘姓，失其名，大書甬壁上「爲臣死忠，爲子死孝。而今而後，庶幾無愧」，舉室縱火自焚死。新都令棄妻子去，被執至，不屈死之。先是十月中，李自成使馬科由階文襲蜀，至保寧，聞獻忠已踞成都，不敢進。獻忠使張文秀前驅，自督驍騎隨其後，過梓潼之文昌廟，仰視其題曰：「此張姓，吾祖也。」從官進諛，比於李唐之老子，因上張亞子尊號曰始祖高皇帝，題詩以誑耀百姓，謂文昌子孫宜王蜀。僞大學士嚴錫命以下皆恭和刻石焉。至綿州，馬科迎擊敗走，俘其衆，得蒙古兵一千五百有奇。獻忠大喜，號綿州爲得勝州，命文秀駐廣元，扼漢中入蜀要路。能奇駐保寧，馬元利駐順慶，張可望進川南，惟遵義一府未下。川東重慶自獻忠行後仍爲曾英所復，李占春、于大海等助守之，而楊展起嘉定，郭勳起黎州，所在屯聚。獻忠遣兵攻重慶，敗於多功城，攻嘉定，亦敗衄。

二年乙酉，李自成敗回關中，遣賀珍代馬科取蜀。張文秀在廣元聞之，遽出漢中，遇珍兵三千人，騎不過五百。豫設伏邀擊，文秀大敗奔回。會自成爲我兵追急，遂東出武關，不至蜀，獻忠乃盡撤廣元諸路兵回成都，定功罪。以張可望平川南有功，擢將軍。張文秀出漢中喪師，降遊擊。張定國同出漢中，敗績先逃，杖之百，降千總。張能奇駐防無功，降參將。可望本姓孫，文秀本姓劉，定國本姓李，能奇本姓艾，皆獻忠養子，冒張姓，雖計功罪賞罰，然心寵任之，俾各掛將軍印節制文武。可望爲平東監十九營，文秀爲撫南監十五營，定國爲安西監十六營，能奇爲定北監二十營，四將軍之名始此。更擢白文選爲前軍都督代定國。另設水軍左右督，以王復臣、王自羽領之。盡戮所降馬科下蒙古一千五百人於成都南門江中，使文秀擊故給事吴宇英殺之，宇英初散家資，得士三千餘人屯山間，文秀困之三月，宇英糧盡，舉家自縊，部下士出野戰，同日死焉。時大學士王應熊還自京師，即遵義置幕府誓師，達州僉事馬乾行撫院事。乾，雲南舉人。初，龍文光未至，衆議推之以代陳士奇，以寇至中止，茲復循前議，傳檄討賊。學道王芝瑞、涪州道劉鱗長所在響應。順慶道業可繙、知府史覲宸亦據城起兵，獻忠攻破之，可繙、覲宸死。保寧李從彥、殷承祚等亦爲獻忠所殺。西充江鼎鎮被執至成都，强授以禮部侍郎，鼎鎮回寓，集全家七十九口，縱火自焚死之。獻忠怒，令拾其骨揚之南門江中，復召成都五衛指揮千百戶應襲者赴成都，命僞尚書龔完敬考選，日未午，指揮柴子槐賫僞勅至，令盡殺之。完敬伏地不能起，子槐徑自擒殺畢，復命言狀。汪兆齡曰：「完敬腹誹，當誅。」獻忠頷之。既而兆齡至僞兵部，見茂草不治，前所殺各弁血染尚存，因疏劾完敬不敬。獻忠命剝皮，實以草，全家與害。當時爲賊脅就官如吳繼善輩皆全家不免，不特一完敬也。獻忠居蜀，每晝見鬼物，宮中婦女多被所揶揄，有死者，滋不悅。又聞大兵追李自成南下，欲乘間入秦，謂其下曰：「陝西吾故鄉，古建都多在長安。諺云：『蜀富秦强。』吾今至秦，多收邊上豪傑及西寧良馬，可以横行。吾置官於蜀，出所鹵金銀給百姓，使彼感恩，蜀仍吾民耳。」汪兆齡曰：「否，蜀地險人狡易亂。今駐此尚所在揭竿，若舍之去，即盡叛耳。使人得據險以拒我，是腹心之禍也。即欲去，莫若盡殺其民，焚其廬舍積貯，使不復爲亂。後有覬覦此地者，亦無所憑藉，不能久，且使我諸將行更無所顧戀也。」獻忠曰：「善。」即日先屠成都，時九月望夕，月明如晝，令兩賊共縛一人出南門臨江斬之，無得免者。自十五至十七日夕止，水壅不流，巨艦數百牽引之，彌月始達，腥穢聞數十里。至老弱婦女，以巨索約之，至江滸驅令自投，呼號震天。城内金帛堆積，群賊莫敢私取，盡令王尚禮庫藏之。欲屠外郡，恐民知而竄，復謀之汪兆齡，先召諸生及釋道醫卜堪輿之流，許赴選授職，檄至，有託故不赴及身至而妻子不與偕者皆誅。民畏賊，皆至。令盡入城，居大慈寺中。兆齡日至寺查閲，僞兵馬司周行邏伺，有躡足偶語者殺之。

十一月九日，忽云歲暮聽回籍肄業，屆春再集。次日，兆齡戎服至，令賊各持一牌，上書某府紳士，隨牌出，以次至寺門，群賊俱介冑挺刃，分列衢左右，人由刃下行至濯錦橋。獻忠自擐甲坐橋上，甲士數千屯橋下，諸人羅拜未畢，命揮刃催之，推墮橋流，至日夕乃盡，誣以反逆。檄各道械繫其親屬至成都，凡三十餘萬，盡殺之。中道被淫、迫赴水自縊者不計也。

三年丙戌正月十日，復檢各衛軍及各營新兵年十五以上者殺之。各路會計所殺衛軍七十五萬有奇，家口不計；兵二十三萬六千有奇，家口三十二萬。自成都北威鳳山起至南門桐子園，綿亙七十餘里，屍積若喬嶽。十六日乃出僞令，命張可望四將軍等分道出屠川民，兵得男手足二百雙者授把總，女倍之，官以次進階，童稚手足不計。可望等或日四五城不等，所遇幼男女投之水火，或棄道旁襯馬足，或擲空中以刃迎之爲戲，不計功，止計壯男女手足。寅出酉還，比賞格，有踰十倍者獎以爲能。有一卒日殺數百人，立擢至都督。嗣後賊營公侯伯甚多，皆屠川民積功所得也。

五月回，上功疏，可望一路殺男五千九百八十八萬，女九千五百萬；文秀一路殺男九千九百六十餘萬，女八千八百餘萬；定國一路殺男七千九百餘萬，女八千八百餘萬；能奇一路殺男七千六百餘萬，女九千四百餘萬。獻忠自領者名爲御營老府，其數自計之，人不得而知也。又有振武、南廠、七星、治平、虎賁、虎威、中廠、八卦、三奇、隆興、金戈、天討、神策、三才、太平、志正、龍韜、虎略、決勝、宣威、果勇等營，分勦川北川南，約不減可望等所殺之數。而王尚禮在成都復收近城未盡之民塡之江中。蜀民於此真無孑遺矣。殺人既盡，分兵燒毀其城郭室宇積聚，陰使邏者隨之，有一人一椽一粟未盡者，其將與兵皆剝皮以徇，遭慘殺者又不下數萬。于是獻忠曰：「全川土寇削平，腹心之患除，可決意北行矣。」命僞工部尚書王應龍勒碑紀績，嚴錫命撰文。錫命綿州人，擊馬科時得之，稱爲嚴先生，官次汪兆齡。至是碑成，獻忠命北面立，錫命爭曰當南面，賊怒，杖之百有二十，曝棄沙磧中，三日而死。獻忠將行，惡其黨太多，曰：「吾初起草澤，從者五百人，所至無敵，今日益多。前年出漢中爲賀珍所敗，非爲將者習富貴不用命，即爲兵者有所貪戀懷二心。吾欲止留發難時舊人，即家口多者亦汰之，則人人自輕便，所向無阻。」汪兆齡從臾之曰：「恐兵知而先譟，奈何不若先立法，責之各將軍都督等，多置邏者，以伺察營伍，有偶語者及微過，俱置之法，并連坐。如此，則殺之有名，無覺者矣。」密議已定，諸營尚未知，猶習故態，角射、酗酒、縱博，嬉笑怒罵如平時。邏者至，輒收治，自誣服並及其家。是日所殺即十萬餘人。於是人人惴慴，無敢出一言者。邏者無所得，乃於夜或踰垣穴壁，入伏霤下及床笫幃幕間竊聽，但有笑語，即躍出收繫并其家。賊嗜殺出天性，偶夜靜無事，忽云：「此時無可殺者。」遂令殺其妻及愛妾數十人，惟一子亦殺之。令素嚴，人無敢諍者。晨興，召諸妻妾，左右以告，則又怒其不言，舉左右奴隸數百人悉殺之。嘗怒目視一童子辟易，病二日死。其殘虐如此。又禁不得藏金銀，至一兩者家盡誅，十兩者生剝其皮。人或沉井中，或窖幽室，搜獲亦按連坐法。告捕者即以其家妻妾馬匹給之，於是豪奴悍婢爭訟其主。僞總兵溫自讓，延川人，不忍無辜戮其下，棄妻子，夜率所部百餘遁去。獻忠自引驍騎追之三百里，自讓脫走，所部兵俱被殺。他如僞右軍都督米脂張君用，八卦營汝州王明，振武營麻城洪正隆，隆興營涇陽郭嘉允，三奇營鳳陽宋官，永定營合肥郭尚義，三才營山東婁文，干城營六安汪萬象，援勦營寶雞彭心見，決勝營周尚賢，定遠營張成，中廠營萬縣杜興文，英勇營黃岡張其在，天威營開封王見明，龍韜營麻城商元及志義、天討、金戈、神策、虎威、虎賁、豹韜、虎略等營總兵，失其名，俱以搜刮無功，坐徇庇謀逆剝皮死，并其家口部落盡斬于南河。

七月二日，賊以前法所誅尚未盡，復詐召諸將於演武亭，計五月所上功疏，以次陞賞。比至，則下僞令殺之。張文秀、馬元利下僞參將賀斗、遊擊胡明、守備王四喻其意。斗先與妻訣，妻雉經，斗於是夜與明、四鞬甲上馬，僞爲防夜者逃去。追之無及，賊怒，文秀、元利與盧名臣等坐疎縱被杖，餘官目五千七百餘員俱剝皮。剝皮者從項至尻刻一縷裂之，張于前如鳥展翅，率逾日始絶。有即斃者，行刑之人坐死。賊殺人既多，恐衆叛之，兆齡告以詐爲天旨以惑衆。是月十五日雷電交作，譁傳天旨降。天旨無他，大略謂「世人搆惡，應罹此誅，天所假手，欲俾自悔禍，宜自反祓濯，後而不懲，更無噍類」。愚人信之。既卜期起行，令各營有妻子無馬匹者各携至營門點驗，既集，令各自殺其妻，不忍者夫妻就戮。其殺而含涕及有戚容者俱斬之，殺夫婦又六七萬。於是令剷成都城至平地，燒城中宮室，先以布裹柱，澆以脂，實以火藥，已乃焚之，自八月六日至二十日，火炎不絶，灰燼中有糗糧未盡者，復令舁出江棄之，更使人下水躧踏，使入沙泥二三尺而後止。有顆米浮於水土之上者殺其人，使張文秀捆載數年所掠秦、豫、吴、楚珍寶兼金凡巨艦百餘，赴彭山縣江口沉之，恐爲駕舟卒所得，盡殲諸人於水，後爲楊展撈取以賑川南殘民，皆此日所沉物云。

九月十六日，獻忠發成都，男婦尚五十餘萬，由漢川、金堂、什邡、綿竹前發，或有老病不能疾行者，按籍不到，誣爲亡走，殺其親屬。每日行百里，屍連百里，行七八十里，屍連七八十里。賊猶憾人多，立過隊之法，凡各營男婦初行俱□□□□□魚而過，或三留一，或五留二，名曰四班隊□□□□盡殺之，雖夫妻父子毋得相顧盼者，惟腹悲□□□□□殺男婦人數萬。至西充縣□王應龍督衆□□□□伐木造船。山距河四十里，負舟而趨，邪許之□□山谷[一]，或爲林木巨石所阻，不能遽進者，指爲惰緩□□并及其五長[二]，又令谷赴山取糧，人負二大斗，乘騾馬者倍之，不及升合者皆殺之。至是，所存僅五六萬人，意尚不止，曰：「我奉天帝命殺此作孽男女，自始起至今□□□之□□□三，未盡逮。

十一月望以後，即一人不□□，蓋至期而賊伏誅云。先是，賊下都督劉進忠收川□取，多慮誅及，自保寧率所部北走漢中，遇我大清王師至，進忠迎降，爲鄉導，南行，遇獻忠西充鹽亭界上。是日大霧彌空，咫尺不相見。群賊方朝行營，忽聞甲馬聲，殊不意兵至，獻忠自介胄彎弓上馬出視，至鳳凰坡，正值進忠，指示大兵曰：「此逆獻也。」群射之，獻忠甫引弓，左脇已中矢，急回馬走，矢交集于背，遂墜。僞提督王尚禮、指揮竇名望、僞千戶胡守貴等馳至，氣已絶矣。尚禮負其屍走，騎追之急，乃棄之。獻忠已死，張可望、汪兆齡等猶率僞文武東西鵠立，望獻忠還。忽萬馬突至，塵掩中營，可望等方失措驚竄，大兵四散俘殺，以道險□能窮追[三]。可望等俱收集餘黨，尚數千人，家口萬餘，由順慶南奔，前經獻忠所殘戮之地，千里無煙火，所至殺馬而食。馬盡食人，至靴韉鞦轡皆充行糧，絶粒十餘日，尚日馳百餘里。至渠河，張能奇率兵百餘人護家口斷後，遇曾英兵千餘出偵探，能奇出不意奮擊走之，還報可望、定國、文秀等，各馳殘卒，同追至重慶江北。時可望等騎不滿千餘，皆殘悴之餘，弓刀脫落，曾英意輕之，盡移江中戰艦於南岸，出奇門、南鄭坪等處，望見賊衆各下馬偃臥，知計已窮。或勸英出輕騎數千，從下流襲賊大營，而令正兵渡擊賊，當首尾不能顧，縱不盡殲，亦可□落膽去。英不聽，曰：「彼死命也，急擊之，徒傷吾人。吾僅□□□□□□□□飢死，否即自遠竄，待其奔，佚而誅之易盡耳。」張文秀望重慶城人煙稠集，車馬輻輳，各兵縱飲市肆，無防禦意，語可望曰：「彼恃長江而不設備，易視□□可乘也。且我兵敗無糧，不飽者已十餘日矣，與其□□必與決一戰乎？若得數舟艤岸，岸可登也。」蓋文秀□□大，水行如履平地，頃刻可數十里。言訖即左持□□□□唧利刃，躍入水中，履水而往。其部落徐湖□□□□□呂布、陳勝等五人從之，同入江，至朝天門□□□□南岸兵望見皆大笑，以爲自赴水死耳。文秀等從水中斷大舟鐵纜，穴艙而入，立殺數人。船上兵出不意，盡爲文秀等所殪。乃舉艙內婦女輜重盡棄江中，遂掠一大船回北岸。可望等皆邏拜稱賀，選壯士得百餘人，被甲執長矛、鉤牌、弓箭、火藥等登舟，遶江上下，衝突轉戰，南岸兵俱望風披靡。曾英督左右將領駕大舸數十，繞圍可望船於江心，而自持畫弓立桅後，爲王自奇射中，洞胸墜水。軍既失主帥，遂大亂，四散奔潰。可望等盡渡江，英兵十餘萬頃刻瓦解，重慶城內居民經獻忠等殘破之後，英所漸次招徠者不下二十餘萬。至是復遭慘殺，所獲輜重糧食不貲，前此飢餓將死者今復生矣。戰甫畢，汪兆齡單騎至，賀曰：「四將軍今日之戰樂矣，故主身屍何處？」張能奇持弓矢叱之曰：「若一囹圄死人，我等破蕲水城生若，以若世家子保若爲相，不謂若一意殺人以固寵。我等戮力疆原，收獲諸健兒，爲若數四言殺之殆盡。即川民効順於我，主上擬賞金帛以固結之，若必欲取而盡殺之。今日之敗，我輩從萬死一生，幸復至於此，皆若所致也。若之肉，軍中不足食也，今當誅若以謝三軍。」兆齡未及應，已爲奇手中矢所中，迸睛墜馬，可望等爭至前，舉刀砍爲肉糜而死。在重慶數日，燒城內屋，毀其城，望綦江而南，所至殺掠如故。

十二月廿七日，在綦江，衆無主，欲散。可望詐言獻忠婢老腳遺腹生子，與衆同盟輔孤，因共尊可望受約束，惟僞都督張成功、僞總兵王十萬、僞都指揮關索不附。關索先遁，可望收成功、十萬，各責百八十棍，衆遂帖然，而獻忠婢所生實女，無後也。

四年丁亥正月三日，發自綦江，十日抵遵義，守將王祥已走，官民迎降入城，秋毫無犯。十二日自遵義趨黔，將由黔入粵西。適滇之土司龍在田與許名臣者前率土兵援楚[四]，與賊在穀城時有舊好，歸滇，方爲沙定洲所困，因招可望赴滇，行至烏江，黔撫范鑛、總兵皮熊遣副將楊吉率黔兵三千營南山頂，亦拒江爲守。文秀等復沒而渡，如渡重慶江直抵南岸，楊吉不戰而潰。可望因驅兵於兩山伐木，一夜成浮橋，天明，衆盡渡，直奔貴陽。皮熊聞烏江師潰，先走平越，范鑛等走定番。諸苗乘機入會城，掠二日，可望等至，又大掠三日，始招安數日，由威清、平壩入雲南。皮熊與范鑛復入居貴州，遵義亦爲王祥所復。可望等既破沙定洲，雲南尊可望爲國主，仍爲獻忠立廟奉祀。然可望、文秀、定國、能奇等各復己姓，亦不復冒張氏矣。

論曰：按張獻忠猜忌殘忍，較甚於李自成，所屠戮楚蜀男女不勝言，且好自戕同類，宜其爲人所仇疾，莫肯爲用，誅滅在旦夕間矣。乃肆暴二十餘年，至我朝大兵入川而始膏斧鉞，豈天故縱之以稔其惡與？抑明末任封疆之責者實有以釀成之耶？熊文燦猥鄙好利無足言，楊嗣昌廉矣，聚天下全力以制一人而反爲所困，則御將之不得其道也。觀獻忠始終，所畏惟一左良玉，而嗣昌不能駕馭之，俾樂爲我盡力，尚烏望其有成功哉？

【校勘記】

［一］此處二空圍，依文義而言似爲「聲振」，《基本古籍庫》無此兩空，則上下文義不相銜接，蓋以空闕無字逸去。《基本古籍庫》本此類現象很多。

［二］此處兩空圍，依文義似爲「殺之」。

［三］此處空圍，據上下文義似爲「不」字。

［四］土司：底本作「上司」，據四庫本《雲南通志》卷一六下改。

見聞隨筆卷之二

臨海馮甦再來著

紀西南往事序

甲申流寇犯闕，我朝大兵入正天討，渙號改朔，以順治紀年。是勝國之亡斷自崇禎十七年三月止矣。乃江表遺臣，心存故社，所在立君，皆不及朞而敗。固知天命有歸，非人力所能競也。惟肇慶自戊子竊號，逮己亥遯緬甸，爲時稍延。中間流離播越，倚叛鎮爲聲援，託寇讐爲心腹，較之偺、氾構爭[二]，全忠淩逼，其辱已甚。故雖有何、堵之綢繆湖湘，瞿、嚴之楮梧西粵，呂、李、楊、沐之彌縫滇蜀，卒無救於敗亡焉。予以辛丑赴滇，值緬甸旋師。丙辰冬來五嶺，往還黔楚間，弔黍離於五華，拾遺鏃於交水。過古泥，悲爰止之無枝；臨端溪，惜穴中之尚鬭。往往父老猶能指其故蹟，未嘗不慨然傷之。己未秋日，承乏武殿試讀卷官，得與宗伯葉訒菴先生朝夕從事，時宗伯方受命總裁《明史》，以予久於南中，因以西南事實見訪。予曰：「甲申以後，凡假前朝名號以抗我顏行者，皆於令甲稱罪人矣。豈復煩載筆乎？」宗伯曰：「然《宋史》有之，附二王於瀛國之後，往例可循也。」予頷之。逾年，宗伯索稿益力。同人阮亭、侍讀宫聲、大可兩太史亦咸以爲言，且曰：「總裁已奉俞旨，福、唐、魯、桂四王事皆附《懷宗紀》。夫吳越八閩故多士大夫，獨西南僻在荒徼，爲吾子舊游地，咨訪有獲而匿不以傳，非以仰副聖天子破忌諱、購遺文、鑒往垂訓之盛心也。」予義不獲辭，因以退食餘暇記永明王竊號始末一篇。其事在異地，一篇之中不能并詳者，别爲雜傳十首，參互而觀之，十數年中，敗亡之蹟與本朝創業一統之艱難，可得而概見焉。然而語屬傳聞，事出追憶，且一人耳目所未及固多矣，聊記所知以應下問，辨譌補略，仍有望專任修明之君子。

【校勘記】

［一］傕：底本作「淮」，據四庫本《後漢書》卷一〇二《董卓傳》改。按李傕、郭汜皆爲董卓部將。

永明王始末

故永明王由榔〔一〕，明神宗皇帝之孫，桂恭王常瀛次子也。神宗子五：長光宗，次福王常洵，次瑞王常浩，次惠王常潤，而桂王常瀛最幼，與惠王同李貴妃出。萬曆二十九年冬十月己卯俱受封〔二〕，至四十二年福王先就國洛陽。熹宗天啟七年瑞、惠、桂三王始各就國，賜予祿入不能比福藩十一，而瑞國漢中，惠國荆，桂國衡，地皆荒瘠。衡在江湖之表，尤爲僻遠焉。崇禎十四年，李自成陷洛陽，福王常洵見殺。是時秦楚交訌，惠王常潤走湘潭，瑞王常浩走重慶。十六年，張獻忠陷衡州，桂王常瀛由永州入粵西，獻忠毁桂邸木石，至長沙造僞殿，王遂寄食蒼梧。

十七年甲申，是爲大清順治元年，大兵敗逆賊李自成於山海關，中原底定，福王子德昌王由崧立於江南。

二年乙酉江南稱弘光元年四月〔三〕，大兵下江南，廣東在籍尚書陳子壯以桂王常瀛神宗子，宜立。會唐王聿鍵立於福建，議遂寢。是年桂王常瀛薨於蒼梧，遂葬焉，墓曰興陵。子二：長安仁王由樱，永明其次也。

三年丙戌福建稱隆武元年秋七月，大兵至延平，執唐王。粵中總督丁魁楚、巡撫瞿式耜、巡按王化澄與故臣呂大器、李永茂、晏日曙、湯來賀、童天閱、朱容藩、林佳鼎、方以智、程源等議所立，時安仁王已病卒，乃共推永明王。桂太后王氏曰：「諸君子何患於無君？吾兒仁柔，非撥亂才也。願更擇可者。」魁楚等請之堅，因以十月十四日稱監國於肇慶，加魁楚、大器爲大學士，并典樞務，晉式耜爲侍郎，署吏部事，永茂請終制，化澄以下皆晉爵，謚唐藩曰思文。唐藩故相蘇觀生，粵人也，以擁護入閩功授大學士，回粵督師援贛，駐南安不敢進。是月四日，大兵破贛州，督師閣部楊廷麟、萬元吉、監軍御史姚奇允、主事龔棻、黎遂球等俱死之。觀生撤兵度嶺，丁魁楚故與觀生不和，兼聞贛州敗信，倉卒奉永明王走梧州。已而觀生使陳邦彥勸進，因復回肇慶。

十一月，唐王弟聿𨮁浮海至廣州，蘇觀生雖勸進，終忌魁楚，不肯過肇慶，自南詔徑回廣州。會聿𨮁至，遂與布政使顧元鏡、總兵林察等謀立之，曰：「吾君之弟也。」即稱帝廣州，改元紹武，召海上鄭、石、馬、徐四姓盜，授總兵，以與肇慶相拒。肇慶亦自立，改元永曆，使給事彭耀赴廣州諭觀生，觀生殺之。隣封一水間，二王並立，遂成蠻觸之爭。肇慶以林佳鼎爲兵侍郎[四]，督總兵李明忠、龍倫、蘇聘等赴三水。佳鼎故粵中監司，與林察同姓相善，察使四姓盜詐降迎佳鼎，佳鼎信之，舟至三山口，亂作，全軍俱沒，佳鼎赴水死。肇慶大震，復以王化澄爲兵侍郎代佳鼎督師，呂大器、朱容藩俱辭入蜀，化澄遂晉尚書，起復李永茂爲大學士，未己亦罷去。

十二月，大清巡撫佟養甲、總兵李成棟由福建趨潮、惠，俱下之，潛師襲廣州。望日，唐王方視學，警報至，觀生叱曰：「潮州公文昨夕到，兵何自來耶？」已而騎抵東郭門，守門者猶以爲招來海上盜也，呼問之，比覺則城不及閉，先鋒入，返據城以引外騎。觀生急調兵，兵舉西出，猝難集。頃之，僅得數百人。大兵下城擊之，皆散走。因入執唐王，觀生自縊，祭酒梁朝鍾、太僕卿霍子衡等死之。唐王與周益遼等二十四王俱見殺。報至肇慶，瞿式耜請守峽口，司禮監王坤難之，乃以朱治憪爲兩廣總督守肇慶，永明王走梧州。

四年丁亥廣西稱永曆元年春正月，李成棟分兵徇南韶，自率兵向肇慶，朱治憪走。永明王由梧州北走平樂，丁魁楚辭入岑溪縣守險，王化澄走潯州。李成棟至肇慶，別遣副將楊大福、張月等徇高、雷、廉三府，自以二十九日入梧州，廣西巡撫曹燁降。

二月，永明王至桂林，遣使湖南慰勞督師定興侯何騰蛟等，并趣其兵入衛。徵四川文安之、雲南王錫袞入閣，以周堪賡、郭都賢、劉遠生等爲六卿，丁時魁、金堡等爲給事。是時大兵進取湖南，何騰蛟方保境，不遑內顧，張獻忠遺黨孫可望等由川、貴陷滇，王錫袞、文安之俱道阻不至。丁魁楚在岑溪爲李成棟所誘，見殺於藤江，平樂亦不守。桂林聞報大恐，會武岡鎮劉承允以兵至全州，即赴之。瞿式耜自請保桂林，乃以式耜兼吏、兵二部尚書，督師留守，以焦璉爲總兵隸麾下。封舊鎮陳邦傅爲思恩侯守昭平，封劉承允爲安國公，馬吉翔、郭承昊、嚴雲從等皆爲伯。御史毛壽登言其太濫，吉翔怒，激承允脅王杖壽登，併及劉湘客、吳德藻、萬六吉等，從官論救，不允。吉翔舊廣東都司，以解靖江王至閩授錦衣指揮，至是因內閣乏員，夤緣掌絲綸房事司票擬焉。劉承允遣三千人援桂，自奉永明王歸武岡，以巡道嚴起恆爲大學士。李成棟由平樂進攻桂林，瞿式耜與焦璉悉力守禦，武岡援兵以乏餉潰歸，桂林垂破。會廣東陳邦彥以甘竹灘余龍兵犯廣州，李成棟留兵屯陽朔，自率大部東回。未幾，張家玉、陳子壯等兵俱起，陷東莞、高明等縣，成棟往來追擊，不能復西，桂林稍定。是時，噶喇昂邦焦柰、藍拜與孔有德、耿仲明、尚可喜等三王統滿漢大兵南下，何騰蛟與郝永忠等退保衡州，張先璧走寶慶，湖北巡撫堵允錫走永定衛，忠貞營李赤心等攻荆州，不克，潰入歸、巫兩江間，馬進忠、王有才等遁五溪山中。武岡遠在寶慶之西，倚承允以爲重。承允遂專恣，以長沙不守爲何騰蛟罪，請解其兵柄，召之入輔。

五月，張先璧至寶慶抗疏，聲承允罪。何騰蛟慰解之，先璧走沅州，乃復命騰蛟督諸鎮兵守衡，未至，衡州已破。郝永忠等復南走，總兵張學禮等被執，騰蛟退保永州。湖南巡撫章曠卒于永安縣。

八月，大兵破寶慶，劉承允拒戰敗績，遂降。報至武岡，馬吉翔等以永明王夜走靖州。危急之中，頗藉吉翔之力。或謂承允雖敗，猶不忘舊主，先馳密報，而後解甲，故得免於難焉。後以事露，承允被戮於武昌。永明王由通道縣入蠻境，出古泥以達柳州。土司覃鳴珂與守道龍文明相攻，遂陷柳州。先是，鳴珂之父副將覃遇春從騰蛟於楚，潰歸入桂林陳兵索餉，騰蛟、式耜俱惡之。比至柳，龍文明承督府檄，佯與遇春飲，解散其部曲，執送桂林誅之。永明王至古泥，子鳴珂訴冤，從行者倉皇未詳其始末，惟以不知對。鳴珂因率諸苗攻文明，文明走，遂入柳州府城，大掠，矢及永明王舟中。王南走象州。時大兵已定湖南，西入黎平，永州亦破。郝永忠、盧鼎等俱入桂林，何騰蛟與嚴起恒、劉湘客隨至，與留守瞿式耜議分地給諸鎮，俾自爲守。初，李成棟回廣東，式耜遣焦璉兵復陽朔及平樂府，陳邦傅亦由賓州復潯州，合兵復梧州，粤西俱定。屢請永明王回桂林。

十一月至桂林，式耜與嚴起恒、王化澄並相，騰蛟督師出全州，王坤、龐天壽掌司禮監事，馬吉翔內交諸閹，外與陳邦傅等相結，專司票擬，式耜等不能與比也。

五年戊子廣西稱永曆二年春二月，大兵由湖南入粤西境地，郝永忠之兵潰於興安，至桂林，大掠，永明王夜半走南寧。何騰蛟在永寧，聞儆馳回，與瞿式耜同調諸鎮兵入城守禦。滇將胡一清、趙應選與焦璉等各率所部至。

三月二十二日，大兵至桂北門，騰蛟等拒戰，遂由甘棠坡還師，蓋聞金聲桓江西反信，回楚以顧根本也。聲桓使人間道齎佛經，置密疏其中，赴南寧輸欵。

四月朔，王長子生，妃王氏出也。

五月，何騰蛟復全州。

六月，廣東李成棟使亦至。成棟自廣西回擊，殺陳子壯、張家玉等，擢授提督，巡撫佟養甲爲總督。成棟自負功高，不欲受節制，又得金聲桓密書，遂反。使至，永明王大喜，封成棟惠國公，金聲桓豫國公，及王德仁、佟養甲、杜永和等皆爲侯伯，示招徠也。陳邦傅不悅，因併加邦傅慶國公，及其中軍胡執恭爲武康伯以慰之。李成棟請移駐廣東，瞿式耜請回桂林，衆議肇慶監國之地，居兩省中，遂移居焉。

八月，至肇慶，拜成棟爲翊明大將軍，以其子李元允爲錦衣指揮使，掌絲綸房事。袁彭年爲左都御史。彭年，以廣東布政與成棟密謀者也。是冬，何騰蛟由全州攻永州、衡州，克之，與堵允錫等會於湘潭。李成棟亦出兵犯贛州。先是，江西、廣東俱反，惟贛爲高進庫所守，金聲桓使王德仁攻之，不能克，求助於成棟。比成棟至而固山額真譚太宰大兵已抵南昌。聲桓召德仁還救，成棟戰亦不利，退屯南康縣。

十一月，殺佟養甲。養甲爲成棟所脅反，非其本意，嘗密使人北上被獲，使赴梧州祭陵，殺之於楊沙舟中。召舊輔臣何吾騶、黄士俊入閣。

六年己丑，肇慶稱永曆三年。大兵圍南昌久，金聲桓告急，使李成棟、何騰蛟、堵允錫等分道援之，未至，南昌已破。烏金王大兵南下湘潭，馬進忠等敗走，何騰蛟被執，不屈死之。

二月，李成棟兵亦敗于信豐，渡河，墜水死。事聞，贈何騰蛟與成棟、聲桓皆王爵，設壇祭之。以杜永和代成棟爲兩廣總督駐廣州，羅成耀守南雄。忠貞營李赤心等兵潰於茶陵，由道州入粤西，堵允錫以胡一清、趙應選兵守衡州。

三月，大兵至，擊敗之。允錫走道州，衡、永二府復不守。

四月，雲南監軍楊畏知等以僞平東將軍孫可望疏至肇慶，且爲請王封。兵科金堡持不可。孫可望自丁亥春入滇，據有全省，稱國主，以干支紀年，其黨多不服，故楊畏知誘之來歸請封，久不決。武康伯胡執恭駐思恩，密探知可望意欲得秦王，遽鑄印矯册入滇封可望爲秦王，而肇慶不知也。

六月，堵允錫至肇慶，使招李赤心等出楚，允錫復爲畏知請。

七月，封孫可望爲平遼王，賜名朝宗。劉文秀、李定國、艾奇能等皆爲公。可望卻不受。是冬封黔鎮皮熊爲匡國公，播鎮王祥爲忠國公，防滇寇也。

十一月，堵允錫卒於潯州。忠貞營之初入粤也，李元允恐爲亂，請移楊大福駐封川以防之。赤心等既西，大福邀其守後兵五千人而東，焚掠懷集四會間，遠近震駭。元允請召大福入肇慶，縊殺之，亂始定。陳邦傅鎮粤西，横州徐彪、鬱林梁士奕各聚兵據境，邦傅不能制，聞赤心等至，思借之以自强，乃與盟於平南縣，以討徐彪等。忠貞營遂散處賓横境上，居民苦之。邦傅不能堪，幸允錫之來調出之也。然赤心等殘敗之餘，甫得安土，不欲復出楚。允錫屢檄之，不應，竟以憂死。

十二月，平南王尚可喜與靖南王耿仲明子耿繼茂率兵下廣東，羅成耀自南雄遁回。

七年庚寅，肇慶稱永曆四年。聞庾關失守，問備禦之策，無對者。七日登舟，十四日聞韶州破，十七日舟發自肇慶，留馬吉翔、李元允居守，二十六日至梧州，駐舟江干，内閣黄士俊以疾歸。

二月，尚可喜等兵至廣州，圍之，調陳邦傅、高必正等東援。邦傅久與李成棟父子構隙，幸其敗，且怨金堡等之素善元允也，奉調赴梧，意在脩怨，迎其意者，遂以事論堡等，因杖堡及侍郎劉湘客，給事丁時魁、蒙正發等遣戍之[五]。

五月，高必正亦至，時李赤心已死，必正代掌軍政。其黨張良疇、田虎等一時物故，必正疑邦傅藥殺之。邦傅亦憾必正等久擾其境，陰使其將姚春登連結土司，以誅流賊爲名，會李來亨、馬騰雲等調兵，土司遂相讐殺。必正怒，歸罪邦傅，率所部西回，惟邦傅東出屯肇慶。馬寶等襲清遠敗歸，李元允、馬吉翔進駐三水，觀望不敢進。而潮州郝尚久、惠州黄應傑俱已降。廣州被圍日久無救，惟進封杜永和等爲侯以慰之。

八月，孫可望復遣使至梧，自稱秦王，且以不願改號爲請。付從官集議，王化澄、朱天麟等以爲許之便，嚴起恒、文安之、郭之奇以爲不當許。時兵侍郎萬翱掌樞事，徐極爲兵科，皆化澄同里，故力主化澄議，已允行矣；七月颶風盪舟，求直言，郭之奇言風變由滇封也，議遂寢。已而籍川黔者又乞允可望請，以通道西南。嚴起恒難之。會内江楊鼎和至梧，力言王封之非。起恒悦，授鼎和兵尚書，又轉劉蕘珍爲兵科給事，而翺、極之説遂不行。

九月，可望由雲南東襲貴州，皮熊走清浪。可望使白文選追執之，奪其兵，又使賀九義將兵趨遵義。王祥師敗自刎死。於是張先璧、馬進忠等由湖南入黔皆歸於可望，勢益强，地與粤西相接矣。

十一月二日，尚可喜等克廣州，范承恩迎降。杜永和率舟師下海奔瓊州。是月五日，定南王孔有德亦克桂林，留守瞿式耜、總督張同敞俱死之。初，衡、永既破，胡一清、趙應選等南走粤，式耜分布一清、應選與焦璉、楊國棟等兵扼榕江，既而全州復破，榕江兵盡潰，一清、應選走柳州，璉走修仁，國棟走慶遠，報至梧州，乘礮船夜發，比曉，從官踉蹌追走。陳邦傅在清遠聞廣州失，飛帆先歸，邀劫從官於藤江，殺部郎潘駿觀、童英、許玉鳳等。內閣王化澄、吏尚書晏清等俱走北流，不得達，馬吉翔、李元允追及於南寧，從官稍集，飢凍無人色，括行槖併吉翔所獻，得四千金散給之。胡一清、趙應選率滇兵駐賓州。

八年辛卯南寧稱永曆五年三月，使編修劉茝赴黔，封可望爲冀王，至平越不得入。可望以不遂允秦封，切齒已久。楊畏知請再至南寧議之，可望先使賀九義、張勝、張明志等將兵護衛，實令求阻秦封者而甘心焉。九義至，盜殺鼎和於崑崙關，與嚴起恒議不合，即舟中殺之，投屍於水，流三十里，虎負之置岸上而去。劉堯珍、吳霖、張載述等俱被害。霖、載述本不阻秦封，以霖嘗劾陳邦傅，載述嘗劾朱天麟，二人皆主秦封者也，故并及焉。於是始真封可望爲秦王。楊畏知至南寧，留爲相，可望召回黔殺之。

九月，陳邦傅叛降於定南王，南寧震恐，將奔廣南，自瀨灘發舟，距追兵止五十里。趙應選、胡一清以敗卒同馬吉翔抵駐灘，請棄舟從陸，由土司安平下雷、歸順，歸潮州。一路進發，諸蠻各供糧餉，并從官夫役。孫可望既得秦封，乃遣其將狄三品、陳國能、高文貴等來迎并致書，從官曰：「南寧不守，當走安隆。」從之。是時可望已由遵義北擊余大海、李占春於重慶，敗之，據有川東，復遣王自奇、劉文秀分道取黎州及嘉定，走袁韜，獲武大定以歸，總督李乾德赴水死。留兵守川西。

九年壬辰安隆稱永曆六年春二月，永明王至安隆，改名安龍府。可望歲以銀八千兩、米百石上供，從官取給焉。平西王吳三桂由漢中從定西將軍墨勒根蝦統兵入四川，可望守將白文選走回雲南。定南王孔有德自廣西以七百騎出河池州向黔，大軍駐柳州接應。可望乃議內犯，使李定國與馮雙禮由黎平出靖州，馬進忠由鎮遠出沅州，會於武岡以圖桂林，步騎八萬人。劉文秀與張先璧由永寧取敘州，白文選由遵義取重慶，會於嘉定以圖成都，步騎五萬人。疏聞，安隆封定國西寧王，文秀南康王，餘各加公侯，從可望請也。

五月，定國等進攻靖、沅、武岡，皆下之。孔有德守桂林，定國由西延大埠疾趨廣西，我師遇於全州，不利，復敗於嚴關，七月四日遂陷桂林。定南王孔有德死之。獲陳邦傅并其子曾禹，送貴州殺之。劉文秀陷敘州，白文選陷重慶，吳三桂等回兵保寧。文秀由嘉定、成都追至保寧，大兵出擊，大破之，文秀等奔還，全軍俱沒。可望請削其王爵，俾回守雲南。

九月，李定國北取衡州，自南寧既敗，胡一清、趙應選、馬寶、曹志建等尚留粵西，屯聚山谷，聞定國至，皆相率來歸，民間亦多嘯聚以應者，聲勢大振。孫可望亦自至沅州，使白文選、張虎攻辰州府，陷之，殺鎮守總兵徐勇。湖南猝不意賊至，長、岳一帶俱奔潰。大清敬謹親王率大兵南下。十一月三日遇定國於衡州城下，大戰竟日，定國不能支，遂敗走。親王率精騎追之，去其大軍數十里，過險遇伏，爲交鎗所中，定國得收兵退屯武岡。

十年癸巳安隆稱永曆七年春，李定國復回廣西。定國自桂林勝後，不復稟可望約束。馮雙禮與爭鹵獲益相搆，可望惡之。其在武岡也，使人召赴沅議事，將因其敗以爲罪而殺之。定國覺其意，辭不行。遽率殘兵五萬人走東安、全州入粵，可望自率兵追之。大清兵雖失主帥，固山、佟圖賴等仍進兵寶慶，與可望遇於花街子。可望將中軍，馮雙禮軍左，白文選軍右，楊武、馮萬寶在可望後。大兵望見可望龍旗，儘力攻之，殺傷相當。可望忽自走入楊武軍，諸營見龍旗走，遂俱潰，惟馮雙禮一軍不動。大兵鑒衡州之事，亦不追，各引還，以武、寶之間爲界，而定國得據有廣西。

三月，與馬寶等由懷集東攻肇慶，圍之。廣東尚可喜率師來援，城守益堅。逾月不能克，徹圍回廣西。潮州郝尚久遙應定國，亦被誅。時永明王在安隆日益窮促，聞定國據有廣西，且與可望有隙，謂內監張福祿、全爲國曰：「秦王見待無人臣禮，安危不可知。得西府以兵迎，庶脫於險。」西府謂定國也。時內外多爲可望耳目者，惟吳貞毓由吏侍郎入內閣，夙懷義憤，福祿等告以意，因約內翰蔣乾昌、李元開，給事張鐫，御史李頎、胡士瑞，部郎徐極、楊鍾、趙賡禹、蔡紬、鄭允元、周允吉、朱議淲、朱東且、任斗墟、易士佳等與謀，以馬吉翔與內監龐天壽素附可望，恐洩其謀，乃議先移天壽於外，又使馬吉翔赴南寧省墓。至十一月，密使林青陽赴廣西召定國入衛，許封晉王，復使周官申諭焉，情詞哀切，定國受讀感激，泣數行下，軍中皆流涕。顧念兄事可望，久未敢輕舉發。有劉議新者自行營回，過南寧，爲吉翔言其狀。吉翔雖赴南寧，留其弟雄飛在安隆覘動靜，乍聞議新言，大驚曰：「不蚤自爲地，事發，禍且及我輩矣！」陰使提塘王愛秀報可望，又諷議新具疏安隆，爲他日左驗。可望聞之大怒，使人邀林青陽、周官執之，併執馬吉翔赴黔，以待對理，實厚待吉翔云。

十一年甲午安隆稱永曆八年春，可望使鄭國、王愛秀至安隆，言定國私通姦臣，要脅封爵，今使者已被執詞服，乞收付同謀以報國主。國主謂可望也。永明王謝曰：「事非內人所敢爲，假敕假寶，外間多矣。」國等怒而出，執吳貞毓於廷，械繫之，復率兵入內，縛張福祿、全爲國而出。兵侍冷孟銋等請曰：「事急矣，諸臣不足惜，恐併及於難，奈何？」永明王曰：「我實不知何所言。」鄭國等拷訊貞毓備苦毒。貞毓曰：「我備員爲相，凡事自主之，上下無與者。」然天壽、雄飛已密探同事者姓名，先報可望，竟依數執之，煅鍊成獄。福祿、爲國與張鐫俱極刑，蔣乾昌等十四人棄市，貞毓以大臣賜自盡，皆慷慨賦詩，安慰永明王而死。時三月朔六日也。安隆人哀之，後爲祠以祀之，稱十八先生焉。可望憾定國益甚，顧以方將兵在外，不敢輕樹敵，仍厚養其妻子於雲南。定國亦防可望襲之，由賓州南掠廉、雷。夏五月，攻陷高州府及陽春、陽江、恩平諸邑，進圍新會。十二月，將軍朱馬喇率大兵至，與尚、耿兩王合擊定國，敗之。

十二年乙未，安隆稱永曆九年。孫可望遣兵犯常德，亦敗歸。永明王在安隆塗葦薄以處，日食脱粟，守將承可望意，更相淩逼，挾彈射鳥，直入其門，文吏乘輿呵殿，過之不復下。改稱安龍府爲安籠。守臣歲造開銷銀米册報可望，稱皇帝一員，月支若干，皇后一口，月支若干，莫敢致詰，隱忍延喘息而已。李定國既解新會之圍，由高州走興業，復敗於横州，由賓州趨南寧，與朱養恩并力自守。

十三年丙申安隆稱永曆十年春，李定國在南寧久，勢不復振，將殘卒由安隆入滇，可望偵知之，使白文選赴安隆促永明王移黔。永明王母子聞之哭，從官亦哭。白文選雖爲可望用，然心不直其所爲，對此心動，因以情告曰：「姑遲行，俟西府至，可無虞矣。」遂以輿徒不集報可望，陰以留俟定國。數日，定國至，遂奉之由安南衛西往雲南。文選東回黔，可望復使率兵邀之，定國已抵曲靖。時守滇者爲劉文秀、王尚禮、王自奇等，文秀亦素怨可望，聞定國至，佯與王尚禮等勒兵守，私以數騎馳迓定國曰：「我輩以秦王爲董卓，尤恐卓後復有曹瞞。」定國爲指天誓，文秀遂與定國、文選同奉永明王入雲南，居可望府中，賜李定國晉王册寶，封劉文秀爲蜀王，白文選鞏國公，王尚禮保國公，王自奇夔國公，餘俱爲侯伯。又以定國記室金維新爲吏部侍郎兼都御史，龔銘爲兵部侍郎，馬吉翔工彌縫，仍以文安侯入閣辦事。

遣文選還黔慰諭可望，可望奪白文選所部兵并其鞏國公印，置營中，然自以妻子在滇，未敢公爲逆也。

十四年丁酉雲南稱永曆十一年春，使張虎送可望妻子赴黔，以慰安之。可望既無内顧，乃舉兵反。時可望所部至衆，諸鎮自楚粵至者皆聚於黔，從定國歸滇不過敗卒數千人，文秀所將留滇兵亦少。忽有此變，上下皆震恐，然人心多不直可望。馬進忠、馬惟興、馬寶以同姓相密，又與白文選交密，謀助定國，從容爲可望言文選心膂舊人，諸將才望無出其右者，前特爲定國所脅使，其心果外向，必不敢復來。人來而奪其兵，失歸向心，試重用之，必能爲國盡力。可望信之，乃以文選爲征逆招討大將軍，總統諸將前行，自率大軍隨其後，留馮雙禮守貴州，馬進忠以病留安順。定國、文秀聞之，亦自將至三岔相拒。秋九月十四日，文選抵交水，距三岔二十里，輕騎奔定國軍，具言人心内向，可一戰走也。定國悦，請封文選爲鞏昌王。可望聞變欲回，馬寶佯爲切齒曰：「吾乃爲跛賊所欺，要當手縛之，生食其肉。且一人去，何足重輕，而以廢大事耶？」文選前爲賊時，嘗戰傷其足，醫者截他人足以接之，雖愈而跛，故寶呼跛賊云。可望乃止，曰：「兩酋齊出，會城必虚。」因使寶與張勝、武大定間道襲雲南，而身與定國等戰。兵既交，馬惟興軍先走，遂大敗。十九日，可望奔回貴州，張勝至省，王尚禮謀翻城應之，黔國公沐天波覺，挾與入朝，以兵守之。王安等拒戰於城外，張勝知有備，亦馳回。可望既敗，定國慮會城有失，使文秀、文選東追，自引兵還救根本，遇張勝於渾水塘，大戰竟日，擒之。可望至貴州，馮雙禮詠之，言追兵將及。可望知人心已散，遂挈妻子赴長沙經略洪承疇軍前降。雙禮斷後，掩其妻子玉帛，同文秀、文選歸雲南，論功封雙禮慶陽王，馬進忠漢陽王，馬惟興敘國公，馬寶淮國公，賀九義廣國公，其黨附可望者皆降級。冬十月，遣使間道赴海，封鄭成功爲延平王。

十五年戊戌雲南稱永曆十二年春正月，孫可望入京，封義王。二月，遣楚、蜀、粵三路大兵入黔，李定國使其將劉正國、楊武守三坡、紅關諸要險防蜀，使馬進忠等駐貴州。四月二十四日，劉文秀病卒。夔國公王自奇、永壽伯關有才反，殺總兵徐祐。定國自率兵討之。自奇爲亂兵所殺，執有才於永昌誅之。内亂平，而貴州已不守矣。是月，蜀兵至三坡，劉正國由水西奔回雲南。晦日克遵義。楚兵自鎮遠抵黔，馬進忠等亦走。五月，蜀兵擊敗楊武於開州之倒流水。七月，粵兵抵獨山州。十月，三路兵俱集，信郡王奉命自北至，會於楊老堡，戒期入滇。李定國受黄鉞，與馮雙禮等扼雞公背，圖復貴州。別遣白文選將四萬人守七星關，抵生界次師，示犯遵義，以牽制蜀兵。十二月，蜀兵出遵義，由水西以列趨天生橋入烏撒，白文選懼，棄七星關走回霑益。泗城州土官岑繼祿導粵兵入安隆。定國使懷仁侯吴子聖禦之，敗績。定國由盤江回師拒戰，連敗於安隆之羅炎、凉水井、撒寨，遂遁回。十五日，報至，永明王先走。

十六年己亥永昌稱永曆十三年正月三日，大兵入雲南。四月，永明王至永昌，傳諭罪己。

李定國還黃鉞，待罪，自請削秩。不許。二月，白文選敗於玉龍關。初，文選自霑益追及，定國留之斷後。大兵以二月二日出雲南，十日追敗王國勛兵於普淜，十五日至大理之玉龍關。文選與張光翠、陳勝等俱戰敗，由沙木和走鎮康，土司總兵呂三貴被殺。永昌聞之，使沐天波、馬吉翔等隨行走騰越。李定國伏兵潞江之高黎貢山中。十八日，大兵抵永昌。二十一日過潞江，前驅遇伏，不利，適有降人以定國謀奔告，吳三桂乃分精甲先蹂其伏處，而大軍由正路上，殺傷相當。竇名望、王璽皆戰死，定國不能支，復遁。騰越聞報，乘夜走入南甸。僞平陽侯孫崇雅邀劫資裝於道中。二十六日抵曩本河，十里即爲緬境，沐天波入諭，始啟關，猶勒從官盡棄所攜兵器，而後放入。晦日至蠻漠，土官思線迎入土司城，蠻漠舊爲宣撫司，屬永昌府，自萬曆中始爲緬有。二月，緬酋以四客舟來迎，從官自覓舟江上，得從者六百四十六人，故岷王子及總兵潘世榮、內監江國泰等九百餘人，馬九百四十餘匹，俱由陸，期會於緬甸。十八日至井亙。李定國既敗於潞江，走孟定，白文選走木邦。已而文選以兵入緬，緬使人至井亙求檄止兵，文選戰不勝，走回孟艮。四月，祁三昇兵至蠻漠，復使丁調鼎、楊生芳往止之，因諭守關者已航海赴閩，兵弗復來。蓋緬人畏兵，故馬吉翔冀以此悅其心，而不知爲其所愚也。沐天波、蒲纓、王起隆等謀走戶臘、二撒，亦不許。五月四日，緬復以舟迎，五日發井亙，七日至阿瓦對江，阿瓦即緬酋所居城也。八日進赭硜，知前陸行者潘世榮等被緬分給土人爲奴，多自殺，惟岷王子八十人後流入暹羅云。緬人於赭硜置草屋十間，編竹爲城，每日兵百餘護之。從官各結茆散處，蠻男婦日來貿易。初至，饋獻頗豐，後漸薄。八月望日，爲彼國朝會之期，逼沐天波同往行禮，天波不從，强而行。馬吉翔、李國泰等猶以令節飲王維恭家，維恭，妃弟也，有女妓黎維新已老矣，吉翔强之爲梨園舞，維新泣下曰：「今何時？顧猶爲歌舞歡耶？」吉翔等怒而撻之。蒲纓家復縱博喧呼，聲徹於內。時永明王方臥病，不能禁，歎息而已。九月，緬進新稻，命分給從官之窘者，吉翔多私其親故，鄧凱以爲言。吉翔擊凱傷足。十月，禮官請造庚子曆，從之。

十七年庚子，永明王在赭硜，李定國、白文選會兵攻緬，索之不得，敗緬兵於瑞洋岳。

十八年辛丑，李定國與緬戰於洞怕，白文選助之，復敗緬兵，緬終不肯出永明王。從官資用盡竭，有數日不舉火者，出金寶付馬吉翔碎之，分給，人各數銖。五月，緬酋以老避位，其弟莽猛白代立，索賀禮。七月，復來言三載供給之勞，索報禮，俱無以應。是月十八日，請從官過河盟。既出，以兵圍殺之。勳臣沐天波，武臣馬吉翔、王維恭、魏豹、馬雄飛、王啟隆、蒲纓、王自京、龔勳、陳謙、吳承爵、安朝柱、任子信、張拱極、劉相、宋宗宰、劉廣銀、宋國柱、丁調鼎，文臣鄧士廉、楊在、鄢昌琦、鄧居詔、任國璽、王祖望、裴廷謨、湯生芳、潘璜、齊應受、郭璘、張伯琦，內監江國泰[六]、李茂芳、楊宗華、楊强益、李崇貴、沈猶龍、周某、盧某、曹某等凡四十有二人俱被害。其未亂而先病故者，己亥則潘琪、齊環、朱仲，庚子則王名偉，辛丑則瑞昌王徐鳳翥、劉盡忠與商、劉二監。其遇亂而自盡者，故吉王及朱議漆衛所官趙明鑑、王大雅、王國相、吳承允、朱文魁、鄭文遠、李暨白、淩雲、尹襄、吳某、嚴某，內官陳德遠等。婦女之前後自殺者，劉、楊二貴人，吉王松滋王妃，馬吉翔四女，姜承德妻王氏，王啟隆妻吳氏，妾周氏，王國璽、吳承爵之妻，齊環之妾，俱失其姓。餘死者尚多，惟鄧凱以病足，內監蔣進朝、李猶龍、李國用以老病未行得免。後進朝三人亦病死，止凱生還，爲人述其狀如左。緬殺諸人後，有馳呼而來者云：「勿害皇帝及黔國公。」蓋恐大清索之，思留以獻也。而天波已先死，乃復治天波所居室，移永明王眷屬二十五人入居之，并進衣食。八月，李定國以十六舟攻緬，復爲所敗，覆其五舟，乃與文選俱引還。十二月朔，大清兵至，白文選自木邦降，緬以永明王父子獻於軍。明年四月二十五日，縊於雲南。六月二十七日，李定國死猛臘，其子李嗣興與劉文秀子劉震俱降。惟鄭成功子鄭經在海外，猶以永曆紀年，然非復故明子孫矣。

【校勘記】

［一］由榔：「榔」底本作「根」，據《明史》卷一二〇《諸王傳》改。

［二］萬曆：「曆」底本作「歷」，乃清人避乾隆帝弘曆諱而改，今回改，後同。

［三］弘光：「弘」底本作「宏」，乃清人爲避乾隆帝弘曆諱而改，今回改，後同。

［四］林佳鼎：「佳」底本作「隹」，前人雕板於「隹」「佳」二字每不甚分別，今據《明史》卷一二〇改。

下文「詐降迎佳鼎」、「佳鼎信之」同改。

[五] 遣戌之：「戌」底本作「戍」，前人雕板「戍」「戌」兩者每不甚分别，今據文義改。

[六] 江國泰：「江」字底本闕，以前文有「内監江國泰」，據補。

何騰蛟

何騰蛟，字雲從，其先山陰人，戍貴州黎平衛。登辛酉賢書，起家南陽令。時流寇充斥，至邑，破走之。後從巡撫陳必謙擊賊於安皋，斬首四百級，由是知名，擢武庫主事，累遷淮徐兵備道，平土賊程肖宇、王道善、張方造等衆數萬。

乙酉，江南擢都御史，巡撫湖廣。當是時，諸大鎮分擁重兵，所在文臣結强藩，交權相搆鬭。湖廣新經獻賊之亂，寧南侯左良玉據武昌，兵衆而無紀，遠近畏之。騰蛟慷慨赴任，日盡瘁邊事，利害不問也。未幾，晉總督。闖賊既敗潰出武關，良玉畏其偪己，每欲引兵東下，未有會。值有自北來詐稱懷宗太子者，江南君臣惡其惑衆，收下獄，遠近洶洶，謂姦相馬士英欲殺之，良玉乃與巡按王澍上疏，以討士英爲名，帥兵三十萬内向，騰蛟百計阻之，不聽。先一日，左兵大掠城中，人倉皇入督署避難者數萬。騰蛟以印授家人速持去，自坐堂上，亂兵入，飛矢集几案，不爲動。良玉使人請曰：「公不行不强，但一語而別。」騰蛟赴之。既登舟，舟遂發，使四裨將守之，行四十里，至楊邏鎮，騰蛟罵曰：「吾封疆重臣，豈相從作賊耶？」因自投於江。守者懼誅，亦赴水死。騰蛟順流數十里，遇漁者救之得甦。標將熊朝佐等及故士卒聞騰蛟在，稍稍來集，家人亦持印至，遂入大冶、通山之間。左兵東下甫浹旬，闖賊十萬衆自陝潰入楚，掠漢武而東，銜左兵之尾。大兵追闖者又數萬，水陸踵至。計自荆河至皖城數千里間，接陣格鬬，紛拏散走。

四月，良玉與黄得功戰，大敗，師潰蕪湖之荻港。後數日，良玉死，其子孟庚以父兵降闖賊，被追，會大雨四十日，百川漲溢，賊敗，所在積尸成邱，李自成僅引數騎馳入九宫山，居民白棓擊殺之。

五月，大兵略定武漢諸城邑。騰蛟自寧州間道入瀏陽處長沙，時楚人相傳騰蛟入水浮沉三晝夜不死，大黿負之登陸，皆以爲神，爭相向從矣。先是，良玉操楚事，騰蛟不能制，乃請以知州章曠爲監軍道，傅上瑞爲長沙道，與督學道堵允錫各練兵一萬，至是皆以兵來會。未幾，舊鎮馬進忠、張先璧、盧鼎等亦次第來歸，軍聲稍振。

七月，唐王立於閩，晉騰蛟尚書兼東閣大學士，封定興侯，督師，并以章曠、堵允錫爲湖南北巡撫，分駐湘陰、常德爲犄角，皆從騰蛟請也。騰蛟令南陽時，雅與王善，故所奏陳者皆報可。

九月，降闖賊之潰將郝永忠、王進才及良玉之標將王允成等兵十餘萬。堵允錫亦降李錦、高一功等十八營於松滋之草坪，衆三十萬，號忠貞營。

明年丙戌，騰蛟兵戰於岳州城下，又戰於藤溪、戰於湘陰，頗捷。請加郝永忠恢勦左將軍，張先璧恢勦右將軍，餘陞授有差。江楚間民兵皆結砦固守以應。方謀大發兵犯武岳及江西之袁、吉，會閩破，贛州亦不守，人心搖動，後不果出。

十月，桂王子永明王立於肇慶。

丁亥正月，奔桂林。騰蛟與武岡鎮劉承允俱以兵赴難，承允遂挾王走武岡。承允者，崇禎時爲武岡參將，常鑄鐵棍自隨，因以爲號。其後南北多故，乘亂截粤餉之解北者十五萬，招集士馬，遂雄視湖南稱重鎮，挂平蠻將軍印。嘗從騰蛟戰岳州，一軍先走，後封賞不及，遂怨騰蛟。至是以擁護功封武岡伯，尋進侯，又進安國公。大兵入長沙，騰蛟戰不利，退保衡州。承允請召騰蛟入閣辦事，實以解其兵柄，諸鎮皆怒。張先璧引兵向武岡，請誅承允。承允懼，會騰蛟至，諭解之。先璧引兵掠寶慶而西屯沅州，承允復喜，以諸鎮請仍命騰蛟督師出衡州，而衡州之師已潰，惟郝永忠、王進才以兵至，餘皆降。

五月，騰蛟自衡州退永州，巡撫章曠駐東安，疽發背卒。大兵攻寶慶，破之。承允屢戰敗，遂降。永明王奔古泥。大兵西破黎平，盡滅騰蛟之族，還攻永州，郝永忠等走。騰蛟獨以胡一清兵力戰城下十餘日，一清曰：「吾外援已絶，内儲復匱，死空城無益。」遂擁騰蛟決圍出。比至全州，郝永忠已集湖南潰兵數萬入桂林，城中大沸。公馳入，與留守瞿式耜分佈諸將，自會城之北盡全州、興安、靈川駐永忠兵，城東、永寧、義寧駐一清及趙應選兵，其他鎮兵自將留會城。一清、應選俱滇人，初應御史陳賡募，將三千人，象十二隻至豫章，隸江督萬元吉麾下，及贛州陷，元吉、賡俱死，一清等走湖南，屬騰蛟。

十一月，永明王自象州復回桂林。

戊子二月，大兵破全州，至興安，郝永忠兵大潰，掠桂林而南。王奔南寧。騰蛟方按師永寧，聞報，急引胡、趙之兵還保桂林。會江西告變，大兵還駐武昌。騰蛟招集潰散，得二萬人，將出楚，巡撫堵允錫與馬進忠等亦攻下常德。報至，騰蛟即出嚴關，身先士卒，大戰日月橋，遂復全州，進攻東安破之。於是舊鎮將次第自山中以師來會，圍永州二閱月克之，乘勝克衡州，進攻長沙。

十一月，堵允錫以忠貞營兵自常德趨湘潭，騰蛟相見甚喜，時大鎮聚湘潭者數千家。最後馬進忠亦至，與忠貞營有舊隙，會江西被圍，趣赴援。騰蛟乃與允錫議自督進忠及諸鎮兵圍長沙，允錫率忠貞營援江西。

己丑正月，烏金王至湘潭，進忠、一清俱走。騰蛟曉起，營壁皆空，乃大慟曰：「五年督師，心血嘔盡，而所成竟如是，天也！」遂緋衣坐堂上不去，執見烏金王，勸之降，對曰：「王何患無降官降將哉？果以我爲血性男子，何惜一劍！」遂不食□日，且死，謂寺僧曰：「取一粟河水飲我。是水自衡來，猶吾君之水也。滌腸胃而死，瞑目矣。」遂遇害。事聞，贈中湘王，謚忠烈。子文瑞奪情拜都御史，監胡一清軍，以病卒。

堵允錫

堵允錫，號牧游，江南宜興人，登劉同升榜進士。辛巳任長沙知府。是年五月，山賊蕭相宇等竊發，擾安化、寧鄉，數敗官兵，勢甚盛。允錫率鄉勇破斬之，又破醴陵燕子窩賊，斬其渠草上飛、李鬍子等，於是中外稱知兵。甲申六月，陞武昌兵巡副使。九月改本省督學。乙酉春巡試湖南，至常德，會左、闖交訌，以督師檄招兵萬人，使偏將楊國棟等分領之。總督何騰蛟走長沙，分大湖南北爲汛，允錫晉湖北巡撫，駐常德。先是，李自成既死，其義兒李錦等十八部屯澧州界上，衆三十萬，遠近震恐。允錫欲撫之，偵知錦母高氏有智術，軍事皆取決，而高氏弟一功所部二萬人爲諸軍最，乃集鎮將道府議，親赴其軍。錦、一功以鐵騎數千來迎。入營稱詔，賜高氏命服，賜錦、一功蟒玉及金銀器，犒其軍，皆踊躍叩首謝。軍中命酒，允錫引卮論列，教以臣忠子孝大義，侃侃數千言。明日，高氏出拜，謂其子錦曰：「堵公，天人也，汝不可負！」於是別部田見秀、劉汝魁、賀蘭、李來亨等來謁，皆如約受撫焉。事聞，封高氏英淑夫人，李錦左軍侯，賜名赤心；高一功右軍侯，賜名必正；其他部爵皆通侯，號忠貞營。加允錫總督、侍郎，賜劍并鳳紐銀印以寵之。

丙戌二月，李、高等率兵攻荆州凡旬有二日，城且陷，會大霧，赤心等蓐食帳中，忽救兵數萬至，飛矢如雨，軍大潰。允錫急召楊國棟、張光翠等分駐澧州及回子河防禦。

明年三月，永明王至武岡，封允錫光化伯，辭不拜。

五月，大兵下湖南，武岡破，馬進忠、王進才等俱走，允錫亦入永、保諸土司中。朱容藩由廣西入蜀，聞武岡不守，自稱監國招討副元帥，建行臺於夔州。允錫泝三峽至夔，見容藩，責以大義，容藩愧悔，自銷其副元帥印。允錫還永定。

戊子春，江西金聲桓反，大兵自湖南回駐武昌。允錫傳檄諸鎮俱出湖南。四月，馬進忠復常德，王進才復桃源、澧州、石門，各城皆下。忠貞營亦克荆門、宜城，使來告捷，諸潰兵皆會。

五月，進忠兵戰於牛皮灘，又大戰於麻河，俱勝。

十月，忠貞營高必正等避敵南渡，分道趣武陵。馬進忠燒城走。初，允錫自夔還，如忠貞營，約以騎三千赴常德助戰，竟不至。馬進忠等既復常德，晉封公侯，因并加赤心等爲公。赤心始請取長、岳自效，實則以荆土殘破近敵，欲避而南也。進忠惡之。至是，必正率輕騎數百突入常城，出不意。進忠佯設酒高會，陰使人具舟渡老營東去。日晡，擁騎數千披甲注矢出城走，焚城中廬舍及瀕江船隻。必正輩亦怒，請北還。允錫恐有他變，姑好語撫之。進忠遂掠益陽諸縣而東。忠貞營駐常德，歲饑乏食，復議進取長沙，乃以監軍毛壽登、總兵楊國棟守常，允錫自率標兵二萬人及忠貞營東攻長沙，不能克，遂至湘潭，與何騰蛟會議，率赤心等援江右。

己丑正月，至攸縣，南昌已破，乃分遣堵正明、尹具瞻將五千人守永興，陸士毅守安仁，龔龍守攸縣，自率萬人及胡一清之師守衡州。

三月，戰於草橋，兵敗，走耒陽，將趣永興軍。而永興、永安、攸三鎮兵俱先潰，正明、士毅等及隨師之待詔潘哲、中書舍人邵履正等皆死之。允錫聞報，走郴州，中途遇敵，幾危者數矣。當午，忽大霧，夜行，有螢火數萬隨照之，以故得晝夜兼行達桂陽，復爲湘鎮曹志建所困。志建，鄞人，封保昌伯，有衆數萬，屯桂陽，地險而僻，得免蹂躪。忠貞營過之，大掠，志建恚甚，謂故允錫所招降也，并憾允錫。因其至，迎入龍虎關，阻隨行將士於關外，一夜盡縛而殺之。允錫幾不得脫，聞粵西明經何圖復方結寨楚粵界上，使人告以難。圖復率兵來迎，因得走赴之，間道至賀縣。圖復後竟爲志建所殺。

六月，允錫至肇慶，召入閣三月，加督師大學士兼尚書，賜白鏹五十錠，使調李赤心等於藤、鬱間，率之出楚至梧州，部下稍稍來歸。

九月，期赤心等不至，造其營詰之。赤心初敗於柳州，戰馬鎧仗盡失，士卒疲困。入粵未久，無意北出，更欲允錫代爲請高、雷二郡以休息士馬。允錫不可。别部劉世俊、劉國昌願出楚，允錫親出潯迎之。他鎮兵遷延不至。允錫恚恨疾作，自草遺疏及誄詞，夜半，命從者解繫放舟，潯流湍急，軍士皆驚。允錫仰天歎曰：「嗟乎，吾荷國重任，不獲免冑赴鬬，馬革裹屍，今斃命臥榻，死有餘恨！固不若自沉於江，葬魚腹中耳。」聞者泣下，竟以十一月二十六日卒於舟中。而忠貞營李赤心等或死或降，究不能以有爲也。

瞿式耜　張同敞[一]

瞿式耜，號稼軒，常熟人[二]，文懿公景淳孫也。登萬曆丙辰進士，爲永豐令，擢授給事中，坐其師錢謙益事下詔獄。事解，累官僉都御史，巡撫廣西。江南既破，唐王立於閩，廣西爲靖江封國，舉兵爭立。式耜密約總督丁魁楚、總兵陳邦傅邀於蒼梧執之，閩封魁楚平粤伯，邦傅思恩伯，式耜亦晉秩，巡撫如故。

丙戌八月，閩復破，何騰蛟在湘南，兩粤山川無恙。衆議立君，咸以昭穆之序，宜在桂，乃共奉恭王子永明王監國於肇慶。式耜轉侍郎，掌部事。内監王坤以司禮竊國柄，舊臣呂大器、李永茂、方以智等咸以事引去。式耜殫心持正，不爲少屈焉。

十二月，廣州破，坤挾王西走。

丁亥正月朔，至梧州，魁楚辭赴岑溪縣守險，從官散失，隨行惟式耜一人。

二月至桂林，時肇、梧俱破，大兵先驅過平樂。坤請召武岡鎮劉承允入援，因入楚。式耜泣曰：「東藩已失，所存惟桂林一隅。若復委而去之，武岡雖金城湯池，何能長久？臣本起此以舉事，願與此地俱存亡。」乃以式耜爲吏、兵兩部尚書，總督軍務，留守廣西。封焦璉爲富川伯鎮桂。加陳邦傅爲侯，守昭平。王竟赴武岡。焦璉自全州回未三日，大兵亦至，衝入文昌門，城中大恐。式耜督璉且戰且守，自三月至五月，曉夜立矢石中，推食解衣，與士卒同甘苦，故人無變志。承允援兵在城，索餉而譁，式耜括庫藏不足，夫人邵氏捐簪珥以佐之。既而與焦兵主客不和，竟譟而去，城幾破者數矣，會陳邦彥等犯廣州，大兵東回，焦璉進復陽朔及平樂府；陳邦傅亦由潯復梧，廣西再定，式耜之力也。秋八月，武岡破，王回次郴州，長、衡並失。何騰蛟等俱至桂。郝永忠、盧鼎諸鎮兵雲集，式耜籌畫糧糗，日不暇給。

十一月，王自象州回桂林，式耜與新輔嚴起恆並列内閣，而馬吉翔以錦衣衛指揮專司票擬焉，何騰蛟仍督師出全州。

戊子二月，郝永忠之衆潰於靈川，入桂大掠，王倉卒走南寧。式耜爲亂兵傷足臥，何騰蛟方犒兵永寧，聞變馳回，相持痛哭，招集散亡。焦璉、胡一清、趙應選等兵尚數千人，復入城守禦。是役也，桂林危同累卵，非式耜忍死鎮定，嶺西如破竹矣。既而大兵回楚，晉式耜少師，封臨桂侯，賜「精忠貫日」金章併銀幣以旌其功。焦璉等皆晉爵。

五月，李成棟叛，以東省來迎，式耜請留桂不得。

八月，由南寧至肇慶，成棟與陳邦傅新舊爭寵，文臣亦互相左右，水火日深。式耜以擁戴舊臣身任邊寄，東西皆藉以爲重焉。四方人士來歸，以桂林爲稷下。未幾，成棟死，騰蛟被執，勢益不支。

庚寅正月，南雄破，永明王復西走，陳邦傅擁兵東下，金堡等被杖於梧州。式耜疏救，不聽。

十一月五日，定南王孔有德入嚴關，諸鎮兵皆潰。式耜出令招撫，不復聽，衣冠坐署中。江陵張同敞，號別山，故相居正孫也。以總督監胡一清軍於靈川，已南走矣，中道問「瞿公安在？」曰：「尚在城。」同敞曰：「安可使留守獨靖社稷？」遂回趨式耜署，曰：「事迫矣，公將奈何？」式耜曰：「封疆之臣，知有封疆耳。」同敞曰：「然君恩師義，同敞共當之。」遂笑留，與式耜飲。家人泣請出危城，號召諸鎮，再圖恢復。式耜揮去不聽，厥明被執，見定南王，式耜以死自誓，不復一言。同敞大罵，左右白梧擊之，左臂折，扶出，同幽於別所。軍中人壯其節，間遺以酒食。同敞慷慨縱飲，爲詩歌，題牆壁俱滿，式耜間一和之。

閏十一月十七日遇害，絶命詩云：「從容待死與城亡，千古忠臣自主張。三百年來恩澤久，頭絲猶帶滿天香。」二公既死，前給事金堡已爲僧矣，上書定南王請收葬，許之。吳江人楊藝爲具衣冠，棺斂瘞之於城北門之園。事聞，贈式耜粵國公，謚文忠。贈同敞江陵伯，謚文烈。臨難詩世多有，不具載。

【校勘記】

［一］張同敞：「敞」，底本作「厰」，據四庫本、《明史》改。

［二］常熟：底本作「嘗熟」，據《明史》卷二八〇《瞿式耜傳》改。

陳子壯　張家玉　陳邦彦

陳子壯，號雪灘，南海人，萬曆己未探花，授編修。天啟中父熙昌以給諫疏魏忠賢罪，廷杖謫戍，子壯典浙江甲子鄉試，亦以試録語誹謗黜，父子聲重一時。崇禎初，累官禮部侍郎，糾唐王不法事，又議宗室不宜授官，忤旨，下獄遣戍。

乙酉，江南起禮部尚書，復忤馬士英，罷歸。江南敗，桂恭王寓梧州，子壯倡議言桂王神宗子，光宗弟，宜立。時唐藩子德昌王先立於閩，召子壯入内閣，辭不赴。

丙戌冬，桂王子永明王監國，以子壯前議，即其家拜大學士、太保、兵部尚書，節制江、廣、閩、楚軍務。會唐王弟聿鐭至廣州，未果行。

張家玉，號芷園，東莞人，崇禎癸未進士，改庶常。李自成破京師，家玉罵賊被縛，執訊間，見其少而秀拔，聲巨辭辯，愛而釋之。家玉懼不免，佯爲文譽賊，因乘間南走。時馬士英柄國，方與東林構難，而家玉，周文忠公鳳翔門人也，惡之，因羅織削籍，居錢塘，與副使蘇觀生等同護唐王至閩。唐王立，觀生爲相，家玉爲侍講，尋兼兵科，監永勝伯鄭彩軍，先驅抵廣信，解撫州之圍。

丙戌正月，被圍於新城，力戰得出，加僉都御史。與鄭彩議不合，請回粤招募，得兵數萬人。聞上杭敗信，兼餉盡，潰歸，居東莞。

陳邦彥，號巖野，順德人。乙酉以諸生走金陵，上政要三十二策，不見用。唐王得其策，讀而偉之。既立，即家授監紀推官，而邦彥已登是科賢書，以蘇觀生薦改兵部職方主事，監狼兵至嶺。贛州破，勸觀生東保惠、潮，不聽。會丁魁楚等已立永明王於肇慶，觀生前與魁楚不睦，撤兵回至韶，使邦彥赴肇稱賀，且覘動靜也。王已西走梧州，聞邦彥至，大喜，桂太妃垂簾召見，改授兵科，令回慰觀生，召之入輔。迨邦彥東歸，而觀生已迎立聿鐭於廣州。未幾，大清巡撫佟養甲、總兵李成棟破廣州，聿鐭及觀生皆死。會城定，李成棟由肇慶西入梧州，養甲居守，故縉紳竄伏山谷，多觀望不肯出。養甲使人召家玉，亦抗辭不至。土人余龍等聚甘竹灘兵二萬餘，東莞焦麗、到滘二鄉復以被掠與官兵相攻擊，殺數百人。其渠何不凡、莫子元等迎家玉爲主，因襲東莞入之。邦彥入甘竹灘說余龍乘虛攻會城，養甲飛騎召成棟回，揚言便道徑取甘竹。余龍懼，退回甘竹。邦彥入高明。官兵進復東莞，攻到滘三日，破而屠之。家玉祖母陳氏、母黎氏、妹石寶俱赴水死。妻彭氏被執，不屈，斷肢體而死。家玉走西鄉，大豪陳文豹聚兵二千人保境，奉家玉，進克新安。邦彥寄家玉書云：「成不成，天也。敵不敵，勢也。方今王師風鶴，桂林累卵，得牽制毋西，潯、平之間庶可完葺。是我致力於此而收功於彼也。」家玉然之。邦彥復遣其門人馬應房與余龍攻順德復之。李成棟至順德，余龍戰敗，應房被執，不屈，赴水死。

四月，余龍再戰於黄連江，亦敗死。邦彦乃棄高明，收餘衆數千人，别徇江門下之。佟養甲得降人，知前攻會城，其謀出邦彦，捕獲其妾何氏并子和尹、虞尹於肇慶，厚待之，爲書以招邦彦。邦彦不答，判其楮尾曰：「妾辱之，子殺之，身爲死，臣義不私妻子也。」養甲壯之，仍善養其妾與二子。後郡紳李星一、舉人杜璜以兵攻肇慶，始殺之。璜等戰不勝，亦死。官軍攻西鄉，不克而回。家玉遣兵入東莞，戰於赤岡。

五月復自率兵攻東莞，不利，退回西鄉。成棟大軍至，攻圍數日，家玉走，西鄉亦隨破。陳文豹等俱見殺。家玉至鐵岡，得姚金之、陳穀子等衆三千人，攻龍門縣，入居之。進陷博羅，併連平、長寧兩城，勢復振。攻惠州，不克。克歸善縣，還屯博羅。官軍攻之，走回龍門。家玉幼好擊劍任俠，多結山澤之豪，故所至翕然，蹶而復起。至是，分其衆列龍、虎、犀、象四營，進攻增城入之。時所在蜂起，故虎賁將軍王興屯新會之文村，唐王弟聿鏄暨宗室皆依之。高凉有崔良櫝，潮陽有賴其肖等，前後聚衆攻克各州縣。

夏六月，陳子壯起於南海之九江村，李成棟方東擊家玉，會城空虚，故指揮楊可觀、楊景曄及子壯壻前知州梁若衡等結花山降盗三千人，謀陰召子壯，陳邦彦亦子壯門人，約以七月七日同至。子壯喜甚，先二日率水軍薄城，諜者入郭被執，事露，可觀等皆死。子壯兵駐五羊驛，邦彦後至，謂子壯曰：「李成棟在東，聞警必急還。邦彦伏禺珠州側，伺其至，以火舟從蘆葦中衝之，公以大艦遮其西，克城在此舉矣。」計定，成棟過禺珠州，勢甚盛，邦彦火船少，衝之，頗焚其數舟。成棟引而西，邦彦尾之。會暮夜，陳子壯以爲皆敵舟也，陣動，成棟順風追之，遂大敗。子壯退回九江，邦彦入三水縣，據胥江，與霍師連會前御史麥而炫破高明以迎子壯，前湖南道黄公輔、御史連城璧亦攻下新會、新寧。

八月，清遠指揮白嘗燦殺知縣何甲，迎邦彦，因横江樹栅，絶嶺東餉道。成棟還師擊清遠，霍師連以舟師遏成棟，棟縱火燒師連舟，兵亂，破栅而入，師連戰死。邦彦、嘗燦與太學生朱學熙嬰城守，精鋭盡喪。踰日城陷，嘗燦死。邦彦率數十人操兵戰，肩受三刃，不死，走朱氏園，學熙已自縊堂中。邦彦哭拜畢，索筆題其壁曰：「無拳無勇，何餉何兵？聯絡山海，喋血會城。天命不佑，禍患是攖。千秋而下，鑒此孤貞！」遂被執，在獄不食五日，惟慷慨賦詩，或投以紙，輒隨筆而滿。所傳有「天造兮多艱，時哉不我與。我后兮何之？我躬兮良苦」之句。

九月二十八日以磔死。監視者視其肝，肝忽躍起擊監者面，遂驚悸數日死。

十月，成棟至增城，馬步萬餘。家玉分兵爲三，鼎足相救，且倚深溪高崖以自固，大戰十日，力盡而敗。諸將請血戰潰圍出，家玉曰：「矢盡礮裂，欲戰無具；將傷卒死，欲戰無人。天明俱受縛矣。丈夫立天常，犯大難，事至已壞，烏用徘徊不決，以頸血濺敵手哉？」因起徧拜諸將，自投野塘中以死。懷銀章一篆曰「正大光明」，閩賜也。時年甫三十有三。先後從家玉而死者爲師林洊，從弟有光、有恒及鄧棟材、韓如琰、楊光遠等數十人。父兆龍、弟家珍爲人藏匿得免。

十一月，李成棟入高明，子壯、而炫與前知縣朱實蓮俱被執，佟養甲寘於館，厚享之。獄具，以犯旗示子壯曰：「不處公極刑則威不立。」遂衣以赭袴，舁之游城内外徧，更集諸降紳聚觀，臨刑，舉酒屬諸紳曰：「畏否？」子壯身被數十刀，呼高皇帝、烈皇帝不絶口，與而炫等同日死於市。子上圖亦被獲，家僮伯卿請寸斬以贖主人之孤，得免死。

戊子春，與家玉弟家珍、邦彦子恭尹俱蔭錦衣官。子壯贈番禺侯，謚文忠。家玉贈增城侯，謚文烈。父兆龍封如家玉爵。邦彦贈兵部左侍郎。

李元允

李元允，榆林人，本姓賈，爲李成棟養子，因冒其姓。成棟少時從高傑爲群盜，以勇決聞。及傑封興平伯，成棟掛鎮徐將軍印守徐州。傑爲許定國所殺，成棟以徐州降。會故趙王由棪與黄蜚起太湖，成棟擒蜚，走趙王，授松江總兵。從定八閩，由漳州與巡撫佟養甲入惠、潮，潛兵薄會城，奪門而入，執唐王聿鐭殺之。時丙戌十二月望日也。

明年正月，成棟分兵取南韶，親攻肇慶克之，遣裨將楊文甫、張月取高、雷、廉三府，閻可義渡海取瓊州，自率兵向廣西。二十九日下梧州。二月，遣杜永和誘丁魁楚於岑溪殺之，盡擄其資以還，進攻平樂，先驅及桂林。會粤東兵起，會城被圍，佟養甲遣人告急，成棟遂東回，往返攻擊，自春徂秋，始獲定，而西省之平梧以及海北高、雷、廉等城俱復失，屢被責問。

明年戊子春，江西金聲桓、王德仁反，密書約成棟。時佟養甲已授兩廣總督，成棟雖晉秩，例當受節制，自恃功高，恥爲之下。王德仁圍贛州急，養甲趣成棟赴援。成棟與署布政袁彭年等密議於三層樓，既定，語養甲曰：「今出城數十步皆賊，安能遠行？計惟急改名號以安人心耳。」養甲愕然，莫可如何。成棟遂叛，遣使赴南寧，一時喜出望外，封成棟爲惠國公，晉養甲尚書襄平伯。養甲懼禍及，盡以所部授成棟。

六月，成棟使其將羅成耀以黃金一千、白金十萬及綵紵舟楫迎永明王於南寧，王至肇慶，拜成棟翊明大將軍，以其子元允爲錦衣都指揮，掌絲綸房事，擢袁彭年爲左都御史。先是，廣東都司馬吉翔爲錦衣，從永明王入武岡，因內閣員缺得與票擬，圖富貴者爭趨之。其在南寧，陳邦傅駐兵潯江，上下倚以爲重。因以其子陳曾禹爲錦衣，比吉翔，而邦傅亦以復欽廉功封思恩侯。至是，成棟封公，邦傅意不滿，乃亦晉邦傅慶國公，并封其中軍胡執恭爲武康伯。成棟聞之，亦爲其下杜永和、閻可義、郝尚久、羅成耀、黃應杰、楊大福、張道瀛等七人請封，皆得伯爵。而元允亦錦衣，侍衛比陳曾禹焉。元允修整大雅，喜與士大夫交，袁彭年又素負時望，掌臺綱。於是劉湘客、丁時魁、金堡、蒙正發等皆與之善，持論侃侃，專以尊主權、别流品、斥倖授爲事，遠近望而畏之。

冬十月，成棟攻贛州，時大兵已至南昌。金聲桓召王德仁還救，贛州守禦已固。成棟至，戰敗，退壁南康縣。

十一月，獲佟養甲間使，以聞，殺之。

己丑正月，南昌破，聲桓、德仁俱死。

二月，成棟兵敗於信豐，自斷後，披甲渡河，馬蹶沉水死。贈寧夏王，謚武烈。

五月，以杜永和爲總督守廣州。閻可義守南韶，未幾死，以羅成耀代之。加元允車騎將軍，封南陽伯，領兵宿衛。

六月，楊大福爲亂於梧州，元允召至，縊殺之。

庚寅正月朔，平南王尚可喜、嗣靖南王耿繼茂兵至南雄，羅成耀自韶州潰歸。永明王西走梧州，留元允與馬吉翔等守肇慶。羅成耀走高州，將爲亂，元允復以計殺之，人情恃以少安。初，成棟父子方寵，陳邦傅居西，屢爲金堡等所排，積怨刺骨[一]，會其下徐彪亦叛之，忠貞營李赤心等又自湖南潰入粵，散處賓、橫之間。邦傅不能制，威望日損。東事急，召之赴援，非其意也，顧欲藉以洩前忿。將至梧，群情洶洶。適西撫缺，衆議推劉湘客。兵侍郎程源論其比黨，堡等四人皆杖戍，惟袁彭年先以憂去，得免焉。邦傅抵三水，觀望不敢進。大兵薄會城，杜永和等與元允弟李建捷力戰禦之。永和等進爲侯，建捷封安肅伯。廣州城三面臨水，成棟在時復命築兩翼傅於江外爲礮臺，水繞之，地險守固，攻圍十閱月不能破。偏將范承恩謀內應決礮臺之水，大兵藉薪徑渡，遂得礮臺，返以內攻。

十二月二日，城破，屠之。承恩降，永和等由海道奔瓊州。元允弟建捷奪圍至肇慶，陳邦傅等俱潰於三水，隨聞桂林亦破，梧州君臣夜走。邦傅遣兵邀劫各官于藤江。

明年春，元允在肇慶，其下多謀爲變者，乃與弟建捷俱奔南寧，伏地痛哭，哀動左右。會孫可望遣賀九義殺內閣嚴起恆等，元允忿甚，請出靈山收高、雷兵迎主入海，至欽州之防城，爲土兵王勝堂所執，送靖南王耿繼茂，好諭之，不屈，左右梃下，元允笑曰：「鼎鑊不懼，何有於梃？」又令作書招永和，元允笑曰：「杜將軍繕兵窮海，差有丈夫氣，乃招之耶？」繼茂義之，使其故人往説之曰：「君昔未受國恩耶？」元允大慟曰：「某昔不過帥府養子，今爵通侯，司禁旅，狼狽被擒，計惟一死報國。豫讓不言之在前乎？吾父俟於九泉久矣！」故人曰：「成棟果君父耶？」元允曰：「岐陽、黔寧俱以養子自奮，子毋多言。」遂與弟建捷及前鋒將李用朝俱被害，投屍海中。明年，瓊州破，杜永和等俱降。

【校勘記】

［一］刺骨：「刺」底本作「剌」，前人雕板「剌」「刺」每不甚分别，今據文義改之。

李乾德　楊展

李乾德，字雨然，蜀南充人，崇禎辛未進士。歷官湖南巡撫，禦張獻忠於長沙，敗之，後力不支，退屯黔之婺川，以圖興復。會袁韜、武大定自順慶敗而南，乾德承制撫之。袁韜，獻忠部下賊也，有罪當斬，率所部數百人走，後聚衆益多，號姚黄十三家，所過焚殺，與獻賊等先爲督師王應熊所招，請授副將守順慶。武大定亦渠賊小紅娘之别部，先降於總督孫傳庭，傳庭敗死，大定聚衆南山中，戰敗，走興安，踰廣元，與袁韜合衆數萬人，謀突秦而西，官兵擊敗之，喪失婦女輜重幾盡，收餘衆萬餘，棄順慶而東過涪入山，由武彭以趨婺川，歸於乾德。

初，曾英戰沒，守涪者爲英部下涇陽李占春、項城余大海，聞袁韜兵由順慶南下，占春等避之，東走夔州。會朱容藩自肇慶入蜀，取道施州衛，泝江西上，說占春、大海將其衆復回。時大兵追袁韜等陸行新鎮，盧光祖以舟師泊湖灘，所將皆曾英舊卒，不意占春等猝至，戰不利。大兵以全蜀殘破，亦北還順慶。占春乘勝復至涪，結營忠州之平西壩，號萬姓營。韜自大海屯州之花陵河。李乾德既得袁韜、武大定兵，亦獎率之，返酆，入佛圖關，據重慶。韜自恃兵强，欲踞諸軍上，占春宿將，恥爲之下。因謀夜襲韜軍，取乾德去。乾德素善占驗，夜觀星象，與韜言宜有急兵。是夜，占春果襲之，有備，不能克。乾德已徙他舟，止獲其家口，次日復還之。乾德雖書生，然負宿望，故諸鎮爭得之以爲重。時已進爵至太師，一時咸稱李太師云。武岡之變，相傳永明王已被執。朱容藩在夔，自以宗室冒稱楚世子監國招討副元帥，諸將皆賀，乾德爲之不平。未幾，舊相吕大器自黔入蜀，過占春營，具言王無恙，容藩乘機竊，不宜輒受其爵號。占春信之，亦不復事容藩。乾德遂傳檄聲容藩罪，容藩益窘，乃北依三譚，以兵攻石柱司，占春救之，容藩敗走，爲追兵所殺。吕大器遍歷諸鎮，太息謂乾德曰：「楊展志大而疏，袁武忍而好殺，王祥尤庸懦不足仗，蜀事其尚可爲乎？」回黔至獨山州，發背卒。乾德及袁武等既與占春構隙，且重慶殘破乏食，乃使人説楊展與合兵。

楊展，蜀嘉定人，崇禎甲戌武進士，官廣元守備，隨巡撫龍文光入成都，補川鎮中軍。張獻忠破成都，展被執，迸脱其縛入江中，泅水而下，至嘉定。獻忠定蜀，陞嘉定爲府。既而曾英等兵起，展亦乘間入犍爲，殺僞令以起事，州人開門納之，展遂據嘉定。逮獻忠誅，餘賊散走，時蜀地俱殘，歲復饑。大兵北還，嘉定近省而險。展頗善於撫衆，遺民及賊之潰散者相率歸展。先是，獻忠之去成都也，輦金銀沉諸江，展使壯士乘巨筏探求之數月，獲大鏹以鉅萬計。民間饑饉癘疫相仍，斗米價至三十金，餓莩載道，或父子相烹食。展乃遣使百餘輩赴黔楚告糴，前後入米數十萬石，自鄉先生以下及弟子員具贍資，與朝夕居處。農民給牛種口米，使擇田而耕。壯而願戎事者補伍，月予銀米，使操兵戰。百工雜流，各以其藝就食。

孤貧無告者廩之。於是巴蜀孑遺賴以全活者甚衆。是年秋大獲，展遂雄視全川，川人走四方者述展慈愛，莫不流涕。戊子封華陽伯。未幾，晉錦江侯，旌之也。

展與乾德俱蜀人，又樂有袁武之助，因大喜，約爲兄弟，居之犍爲，供億資裝，日相望於道。久之，展復與占春通問，而袁武請丐無已，展不能悉應，遂有隙。乾德屢諷展經營川北，展不能聽，乾德亦薄展終不可與有爲，而謂袁武輩驍勇足資也，遂謀欲殺展而并其衆。適袁韜生辰，展具舟，親以牛酒賫幣致祝，并犒其師。韜治酒高會，展以甲士五百人長刀自衛。入夜，犒從者酒，五百人皆醉，即坐上擒展，囚之别室，尋殺之。因發兵圍嘉定，諸將奉展妻及子景新誓死以守。久之，城中飢，人漸有異志。王祥、曹勛、李占春等發兵救嘉定者皆敗去。於是內應者以城降，夫人自縊，景新北走，而展士馬財賦盡歸於韜與大定矣。衆論俱不直乾德，宜賓樊二蘅貽書誚讓之；王亦切責乾德，問展死狀。他鎮舉上書請會師致討，會粤東、湖南喪師而止。

庚寅，孫可望據黔，將圖蜀，乃爲展訟冤，聲乾德及袁武等罪，遣其將王自奇等將兵三萬由川南進，别遣劉文秀精甲萬人由滇渡金沙江，踰大小象嶺，過大渡河，出黎州取曹勛，以襲其後。而袁武不知也，方悉力拒王自奇於川南，月餘，文秀由黎、雅趨嘉定，袁武撤師還救，六戰六勝，王自奇自後掩擊之，遂大敗。韜遯，大定就擒，李乾德全家自沈於水死之。

王祥皮熊

王祥，綦江人，崇禎末爲九圍子隘官，素號勇悍。張獻忠陷四川，惟遵義一府未附，大學士王應熊回自京師，縞素誓師，即遵義置幕府，滇人馬乾行巡撫事，與監司劉鱗長、王芝瑞等傳檄討賊。邑紳刁化神以鬼術募兵甚夥，應熊使涪將曾英襲取之，遂收復重慶。祥亦出師綦江，與相犄角。祥威望不及英，而幕府委任過之。

丙戌十一月既望，大兵至西充，誅獻忠。孫可望等南奔過重慶，擊曾英殺之。是月抵綦江。

明年正月，由遵義入黔，祥等走永寧山中。大兵下蜀，巡撫馬乾於内江被難。芝瑞、鱗長皆從間道歸。應熊卒於畢節衛。祥於永寧、赤水間，招集潰兵與賊之敗亡者，聚至數萬人，復入據遵義，并有各屬邑與重屬之綦江、内川。遵義故播州，地饒沃而深阻，蜀紳士避亂者多歸之，戶口充實。祥以是獨雄於諸鎮中，以御史錢邦芑言封平寇伯。平寇，前曾英封號也，祥得之，一時以爲榮，英舊將李占春等勿服也。適袁韜與占春爭長相攻，祥惡占春之强，思與韜合誘占春計事，伏兵執之，占春殺守者逃歸。以是諸鎮不和，日尋干戈。公鬬怯而私鬬勇，不足與有爲也。後祥又與黔鎮皮熊構隙。

皮熊，初名羅聯芳，江西人。守貴州，以巡撫范鑛薦授總兵。孫可望由遵義趨黔，破熊兵於烏江，熊走平溪。可望入滇，熊入平越，收兵復黔，破土賊藍二等，以功封定番伯。遵義饑，王祥赴黔告糴，熊以爲詗己虛實也，阻之，部下因而截奪其貲。祥怒，舉兵圍黔省三日，兵敗而還。熊因陳祥越境相侵之罪，請約諸鎮會討。諸鎮久垂涎遵義，各率兵攻祥，大小十餘戰，不能克而去，惟黔兵連勝深入，相持月餘。黔兵乏食，熊子文英爲兵主，不能撫循，其下氣益衰，戰敗。文英引軍走，祥悉銳乘之，黔兵大潰，爭渡，溺烏江死者三萬餘人。祥亦上疏自理，復使使和解之，會盟於烏江，罷兵修好。於是思南、銅仁、湄潭各郡邑皆歸於祥。蜀縉紳程源、梁應奇、辜延泰等先後赴肇慶，皆言祥雄武，可大用。乃封祥忠國公，熊亦封匡國公，蓋並藉爲西藩，障滇寇也。

己丑冬，孫可望由滇赴黔，皮熊不能禦，走清浪。可望使白文選追執之，釋不殺，復使與祥約盟。或曰：「可望以好會來，當許之。」不聽。可望怒，使文選將二千人赴永寧，守將侯天錫迎文選，詐以危言報祥曰：「滇兵二十萬已渡烏江，期會師夾擊矣。」祥懼，召諸將與謀。將軍李定者最驍勇，衆服之，定曰：「二三年來，日操刀同室，雖捷亦恥。今發兵拒可望，勝則規西南；不幸而敗，不失爲忠義之鬼。他何所云？」祥猶豫不決，私計自真安州入隆武、彭水之間，據險守隘，引李于爲脣齒。乃裹其文繡珠玉金寶之屬作竹夾三千背，使牙將負之先行，衆心益解，多送欵可望。可望疾發兵掩擊之，祥倉卒夜走，牙將已先劫其貲去，比曉失妻子，從者僅百餘騎。追者至，馬蹶不能行，祥率死士數十人短刀突戰，殺百十餘人，創重，自刎死。

明年，可望將盧明臣下涪州。李占春戰敗於野豬寺口，與于大海俱順流下楚降。皮熊見可望，釋不殺，居黔中。其壻張默爲水西宣慰安坤師。

至康熙元年壬寅，有常金印者自稱開平王後，在霑益州被獲，詞連坤。平西王吴三桂奏請討之，駐師水西。

二年，執坤，併及熊翁壻。熊年已八十餘矣，抗節大罵，遂自絶食飲，四十日而死，一時哀之。

楊畏知

楊畏知，字介甫，陝寶雞人。舉鄉試第一，庚辰以保舉特用，歷官雲南副使，分巡金滄道。乙酉秋，武定土司吾必奎作亂，連陷祿豐、廣通等縣，進攻楚雄府，破之。畏知監軍，復楚郡，郡人請留畏知彈壓，遂由大理移駐焉。時阿迷土司沙定洲奉調會勦，至省而必奎已擒。定洲以十二月朔日入黔國府爲亂，巡撫吳兆元不能討，且許爲請代鎮。沐天波走楚雄，畏知納之，定洲率衆西追。畏知與天波計曰：「郡城新破，瘡痍未復。賊以方張之鋭來攻，必見陷。同死無益，公不如走永昌，據重江之險。比賊越楚而西，躊躇於大理、蒙化間，需數月而後定。吾守禦既備，傳檄四出，賊欲趨永則恐吾斷其歸路，欲返攻則公隨之，首尾夾擊，撲滅可期也。」天波遂走永。

明年春，定洲至城下，門已閉，畏知從城上語之曰：「若所急黔國公耳，今已西矣。待若定永昌回，此時朝命已下，當以鎮道禮相見。今順逆未分，吾不能爲不義屈也。且若不憂滇西諸司受黔國檄而合從見討乎？」定洲恐失天波，遂與畏知盟而去，分遣其黨王朔、李日芳等攻大理、蒙化屠之。畏知乘間撤郭外居民盡入城，清四野，築隍陴，檄調漢土官兵，姚、景各郡俱響應。定洲聞之，不敢至永昌而回攻楚雄。畏知守具既集，屢攻不能下。一日，畏知坐城樓，賊發巨礮擊樓，烟焰所指，正罩畏知，賊相慶，謂必死。須臾烟散，則畏知端坐無恙，惟進賢冠失左翅耳。因驚歎，以爲有神助。畏知視賊懈，輒出奇兵奮擊，所殺傷甚夥。至夏，始引去。先是，定洲變起倉卒，諸土司以撫軍故，觀望未敢動，及聞畏知倡義，於是寧州祿永命、石屏龍在田、嶍峨王克猷等皆聚衆不與通。定洲恐阿迷有失，東還攻石屏，在田走，破寧州，殺永命，至嶍峨，克猷等逃死於路。迤東既定，乃復還攻楚雄，分兵七十二營，每七營各爲一大營統之。環城濬濠，爲久困計。畏知守禦益堅，逾年不能拔。

丁亥春，孫可望至雲南，定洲解圍還戰，大敗，遁歸阿迷。可望入會城，巡撫御史羅國瓛、宗室朱壽琳死之。唐王在閩，聞畏知拒賊事，先已晉都御史督滇師。可望等亦聞其名，既入滇，分遣李定國東追定洲，而已與劉文秀俱西出。畏知率兵至祿豐之啟明橋拒戰，不勝，赴水，淺，不死，踞而罵。可望下馬慰之曰：「聞公名久矣，吾來爲雲南討賊，公能共事，當相與扶明室，非有他也。」畏知瞪目視之曰：「賊紿我耳。」可望曰：「不信，當與折矢誓。」畏知曰：「果爾，當從吾三事：一不得仍用僞西年號，二不得殺吾民，三不得焚廬舍、掠婦女。」可望皆許諾，乃與同回楚雄，西略大理各郡，使劉文秀至永昌，以天波歸迤西，八府皆得免屠戮，爲畏知也。既回省，臨安任僎倡議尊可望爲國主。此時閩已破，西粵亦被兵，音問阻絶，乃以干支紀年，鑄興朝通寶錢。畏知憤甚，顧念已同之，徒死無益，惟日稱道忠義以動其下，有所忤，輒鼓掌謾罵。賊怒，多欲殺之。有知之者，以爲此忠臣也，李定國、劉文秀尤愛之。可望與劉、李輩皆儕伍，一旦自尊大，苦無以相服，每事多扞格。因時憶畏知言，且聞肇慶已有君，李錦、李成棟等皆受爵號，私計倘假我王封，可以制同類，惟吾所欲爲矣。畏知又朝夕述前約。

己丑，始定議遣畏知同永昌龔彝赴肇慶。過黔，爲皮熊所阻，久之，始得假道至粵，進可望表，請王封。兵科金堡首言本朝異姓止有贈王，三百年定制不宜壞自今日，衆皆以爲然。畏知曰：「不與無益，彼固已自王也，一旦隆號公侯而能欣然受命者，此純臣之節，寧可望於若輩，若因其嚮義，破格明恩，猶幸收用於萬一。且法有因革，今時異勢殊，土宇非故，猶必執舊法耶？」議數月不決，臨發乃賜一字親王章而無封號。畏知西過梧，遇堵允錫曰：「可望業自王雲南，今賜之印而無國名，猶厔之也。激猛虎而使噬人，奈何？」允錫然之，爲補牘入，始封可望爲定遼王，加畏知尚書、龔彝侍郎而行。武康伯胡執恭者，故陳邦傅中軍，駐防泗城州，地與滇近，聞可望欲求封，先使人以書通約，許封爲秦王，可望悅。執恭即具疏報聞，且謂機不容遲，臣已便宜鑄印填空，敕齎行矣。執恭至滇，可望郊迎甚恭，所部額手交賀，比畏知回，而始知其詐，深恥之，曰：「爲帝爲王，我所自致，何藉於彼而屑屑更易，爲人笑與？」仍厚待執恭，屏畏知所齎篆不用也。

庚寅春，粵東告警，自肇慶遷於梧，可望使至，因復議滇封。內閣嚴起恒持不可，兵侍郎楊鼎和助之，且以爲不臣其人則不受其貢，并所進白金玉帶等物俱卻之。可望怨益深。秋九月，自率兵至黔，去粤益近。

十一月，東西兩會城並失，烽火逼南寧，西竄無地，更使劉莛封可望爲冀王，可望仍不受。畏知曰：「秦冀等耳，顧假何如真？」可望終不聽。畏知私念勢迫矣，主憂臣辱，吾無所逃罪。李定國等亦咸勸可望趣畏知行，以始終之。畏知行未至，可望先遣賀九義、張明志將兵赴南寧，求阻秦封者而甘心焉。鼎和、起恒等俱被殺，南寧鼎沸，始真封可望爲秦王。畏知至，痛哭自劾，語多侵可望，遂留南寧。可望聞之益怒，使人挾之回黔。畏知見可望，大罵曰：「賊終不可與爲善。我乃爲賊所誤，負不義名於天下，死有餘責！」除頭上幘，擊其面。可望怒，命殺之。畏知爲人忠義激烈，每陳説順逆，輒傾其座人。在可望軍中久，亦諒其無他，雖出一時之怒，猶意左右必有救者。然賊令嚴，每怒，咸屏惕莫敢出聲。久之，乃自令勿殺，則已無及矣。平時戮人地距營門可十里許，計時尚未至，顧畏知行數步輒坐不去，曰：「此即吾死處，何行爲？」故途未半而被害。可望深悔之，復杖其左右之不言并行刑者。畏知雖死，而李定國卒奉永明王至滇，閲二年始亡，國人以爲猶畏知所啟云。畏知贈少保，謚文烈，楚雄人至今祠祀之。

沐天波

沐天波，黔寧昭靖王英十一世孫也。崇禎三年父啟元卒，天波襲封黔國公，挂征南將軍印，代鎮雲南。末年蜀亂，參將李天贇守武定，贇貪墨，數以事侵土司吾必奎，必奎遂反，調各土司兵征之。沙定洲者，安南司沙源之子，娶阿迷普名聲妻萬氏，兼有兩家之衆，素懷不軌。乙酉十一月，奉調至省，必奎已先誅，定洲留省不去。都司阮韻嘉、參將袁士宏、張國用等皆與之私。黔國鎮滇久，家饒裕，滇人于錫朋、饒希之游天波門下，多所逋負被譴，每見定洲，輒誇沐氏金寶以動其心，遂以臘月朔入天波第，蜂擁焚掠。天波從小竇出走西城，母陳氏、妻焦氏走城北普吉村，曰：「吾輩命婦，不可爲賊污。」全家舉火自焚死。寧州土知州祿永命亦奉調在省，方率兵與定洲巷戰，阮韻嘉等謁巡撫吳兆元請發檄止兵撫定焉。天波望救不得，由楚雄西奔永昌，定洲追之至下關，楊畏知據楚雄，傳檄討賊，定洲乃回。前者流寇初起，石屏土官龍在田與副將許秉淳皆奉命援楚，隸總理熊文燦麾下，張獻忠在穀城，孫可望等趨幕府，與龍、許相識，逮獻忠敗，可望等走黔，龍、許在石屏爲定洲所攻，亦西走，使人間道赴黔迎可望，告以滇亂，曰：「假大義來討，全省可定也。」可望等乃詐稱黔國夫人弟焦侯，請兵復仇。滇人受沐世恩，憐天波無罪見攻，聞之，唯恐其兵來不速也。及至，始知爲可望等，殊失望。監軍楊畏知禦之，兵敗被執，說以反正，乃稱爲黔國復仇如初，且以書告天波。波使其子忠顯報之，可望使劉文秀同至永昌，以天波回省。

明年，李定國至阿迷，執定洲、萬氏，歸磔之。天波具衣冠謝復家世之仇。可望等以勛舊禮待之，不復假以事任也。

丁酉，李定國自兩廣敗歸，過安隆，奉永明王至雲南，天波以世臣受寄心膂。其冬，孫可望内犯，使其將張勝間道襲會城。時李定國等俱出禦，唯王尚書在城，與勝通謀爲内應，天波覺之，誘之同入朝，以護衛兵守之。天波素善流星鎚，經亂，每攜袖中。是日恐左右有變，出鎚舞，縱横擲擊，觀者皆披靡。尚書俯首歎曰：「吾已爲檻中虎，不復煩公攘臂也。」既而定國等破走可望，擒張勝，凱旋論功，白文選、馬惟興、馬寶等皆進爵，次及天波。天波辭曰：「吾世受國恩，常慮無以報。寧敢望新秩乎？」蓋久知國勢已去，自分以身殉，使其子分贅各土司，曰庶存先人祀於萬一。先是，沙酋之變，陳、焦兩夫人俱自焚，惟侍女夏氏歸其母家得免，兩經變亂，義不辱，剃髮爲尼。比天波回，念其節，遂使掌家政，亦不復娶。

己亥春，大兵至滇，天波并棄夏氏，獨身從入緬。夏氏自縊。兵亂，死者相撑拄，爲鴉犬所餐，血肉狼籍。而夏氏尸棄十餘日，無敢近者。事平，得收葬，咸以爲節義感云。

天波既行，以二月二十六日抵曩本河，緬人守關，使天波先入宣諭。緬兵聞黔國來，猶下馬羅拜，蓋其世德入人久矣。晦日至蠻漠，天波與國舅王維恭、典璽監李崇貴謀曰：「主入緬，我輩宜奉少主進茶山，可調度諸營。即在内，亦藉以爲重，使緬人有所憚。」維恭入言之，王妃不可，遂止。

三月二日，緬酋以四舟來，從行文武别走陸道者九百餘，馬稱是。於是從行者愈少。十八日至井亙。二十四日，緬使人傳語，述萬曆時事，併出神宗璽書，合今篆差一分，以爲僞。天波出己印比之無差，乃服。蓋緬自萬曆時已絶職貢，搆兵故也。居井亙月餘，天波與蒲纓、王啟隆集樹下議緬待我情日薄，後事未可知。不若及今走戶臘、二撒，出孟養，以圖生計，爲馬吉翔所阻，計復不行。及白文選等兵至，亦爲吉翔差官所卻。

五月，至赭硜，誅茅以居。

八月，緬酋使人請天波入見，蓋蠻俗以八月十五日爲歲節，屬國皆來朝，欲天波至以誇示外蠻也。天波不肯行，强遣之。既回，慟哭，告從官曰：「前在井亙，不聽吾言，以至有今日之辱。我不屈身則主已在虎穴，何以保全？嗚呼，誰使我至此耶？」

明年庚子秋七月，緬又來請，天波辭緬使曰：「此行不似前，當以客禮見。」至則果如所言，乃因定國等兵又至，而僞爲恭敬耳。

辛丑五月，莽酋弟莽猛白代立，索賀禮。

七月，使人誘從行者過河議事，及至，以二十人執一人，無得脱者。惟天波出袖中鎚擊殺十餘人而死。是時同死者馬吉翔而下四十有二人，而其先以病卒，與婦女驚竄自縊者不計。從行之文武盡矣。天波三子，其二先病卒，獨忠顯在石屏，隨其婦翁龍世榮出降，居雲南無恙。

是年四月，有梅道人者與張琦、尹士鏕等謀逆，僞爲忠顯書致寧州祿昌賢，事發，琦等伏誅，詞連忠顯，謂其妻龍氏曰：「吾且履不測，汝姙已四月，脱生子，可無絶先人後。」乃令内官滕九德、僕白君愛引之去，詐言進香東嶽祠，遂浮舟至昆陽州。忠顯逮入京，即以使婢夏蓮爲龍氏，真龍氏乃在昆陽。居六日，復走匿新興滕飛熊、飛蛟兄弟家。八月，産一男，名爲神保。

康熙四年三月，新興土酋王耀祖等謀逆，聞神保在，作檄移諸蠻，以衣幣迎龍氏母子入山，期事成，立以爲主。數日戰不利，遷之法冲白乃家，又令白君愛別藏神保於滕氏，俱爲平西王吴三桂捕獲解京。忠顯先在京尚無恙，至是併逮訊焉。

嗚呼，國恩甚寬，沐氏竟不獲保其祀，誰爲爲之？天道好還，不二十年而已無噍類矣，亦何益哉？

李定國

李定國，延安人，與孫可望、劉文秀、艾能奇俱少從張獻忠爲賊。獻忠兒畜之，因冒張氏。獻忠僭號於蜀，置平東、撫南、安西、定北四將軍，而定國以安西爲號。獻忠死，可望等至重慶，殺曾英，南走綦江，衆無主欲散，始相與尊可望，受約束。

丁亥正月，陷貴州。三月入雲南，定國、可望分兵略定迤東西，回省，在籍御史任僎倡議稱可望爲國主，設六卿，鑄興朝通寶錢，以干支紀年。可望欣然欲帝制自爲矣。定國心非之，每事相齟齬，可望怒，因他事執定國於演武塲，杖之百，既服，起，持定國而哭曰：「吾以大義辱吾弟，願弟改心，與共濟大業，勿相戕也。」定國再拜謝，請自擒沙定洲以贖罪。由是憾可望。

己丑，胡執恭自思恩入滇，矯封可望爲秦王，可望始奉明朔，已而知秦封非真，歸怨執政，使賀九義賊殺嚴起恆等于南寧，迎永明王置之安隆所，以兵守之，凌逼百端，無復人臣禮。相傳其疏詞云：「人或謂臣欲挾天子令諸侯，不知彼時尚有諸侯，諸侯亦尚知有天子。今天子已不能自令，臣更挾天子之令以令於何地？令於何人？」其恣肆無君類如此。

庚寅，定國受封爲西寧王，東攻靖州、武岡皆克之，遂陷廣西，殺孔有德，執陳邦傅等，北取永州、衡州，楚粵之間歸附者日衆，不復受可望約束。可望益怒，自至沅州，使人邀與計事，將殺之。定國率兵回廣西，永明王使密使封定國爲晉王，召之入衛。定國感激，誓以身報。可望聞之，殺安隆與謀者吳貞毓等一十八人。定國愈憾可望。

丙申十二月，定國敗於新會，馳回安隆，奉永明王入滇，劉文秀納之。

明年秋，孫可望自黔舉兵内向，其下白文選、馬寶、馬惟興皆叛之歸定國，可望遂敗走長沙歸誠。於是定國與蜀王文秀並居雲南，而事權專歸定國。定國於四將軍中與艾能奇尤以勇猛稱，而能奇先死。楚粵之役，定國連陷十數城，害兩王子，其黨益嚴憚定國。定國性伉直，與人無私，回滇矯可望之失，事永明王盡禮，進奉極豐，不以威凌士類，人以此多之。然計慮籌畫不能及可望。既柄國，記室金維新者滇人也，官少宰，爲定國所信任，群小爭趨之，舊人失職多怨望，於是王自奇等俱叛，誅戮頻行，勢亦漸衰矣。

戊戌，劉文秀亦死。

大清兵三路入雲南，定國拒戰於安隆之凉水井等處，敗歸，遂西走永昌。永明王入緬甸。定國伏兵於磨盤山，原名昌黎貢山，大戰竟日，爲有洩其謀者，大兵有備不能勝。走至銅壁關結營，招集散失士馬，使高允臣先行馳報，王爲緬人所殺，不得達。定國率衆駐孟定土府，聞白文選在木邦，移兵南𡶀，與之會。先是，定國敗於安隆，文選在七星關亦潰，歸留大理之玉龍關斷後。追兵至，文選自沙木和出右甸鎮康，不與磨盤山之戰。定國見之，頗以相尤，文選不悅。及議所向，定國曰：「我兵入緬，緬人苦供饋，必相拒於境。擊之禍結，恐釀不測，不如擇近邊險要地暫息士馬，益招集散亡，兩人相爲犄角，緬外憚吾兩人，在內者可無恐，且得覘雲南動靜，結連諸土司爲後圖。」文選曰：「兩人俱在外，則在內者危。不如我入緬護衛，在外事王自任之。」文選竟率所部由錫泊磨整入緬。定國知文選不與同心，亦移屯猛緬。數月，兵稍集，元江土司那嵜與降將朱養恩、許明臣、高應鳳等謀應之。事露，吳三桂率師圍元江，定國方與孟艮構兵，不能救，那嵜等俱誅死。賀九義自南寧間道奔至孟艮，妻子在雲南，三桂使其妻作血書付家人李啟雲至孟艮招九義，九義受之，不以告定國。定國勢已敗，見其黨多出降，益懷猜忌，金維新等皆杖死。有以九義事告者，因伏甲召九義飲，執而杖殺之，散其兵，兵皆怨，裨將何起龍率之走至蔓谷河，入滇降。

白文選抵雍會江，使人諭緬，皆被殺，因渡江擊之，大敗緬衆。緬使人僞約，許移城給之，陰召兵，兵既集，以巨礮擊文選營，文選不能支，且糧匱，乃回，見定國於孟艮。定國曰：「曩不用吾言，今仇怨已結，在内者危矣。」

庚子九月八日，與文選俱發自孟艮，分道入緬。定國由右，文選由左，期以冬會於洞武。道乏糧，士馬死亡相續。十月中，定國至洞武，見沿江多船，議欲分兵乘船渡江，赴赭硜迎永明王，自率兵攻阿瓦以制緬，使毋來爭。其下靳統武曰：「分兵力單，不如全力攻緬。緬破，自送還吾主矣。」乃俱望阿瓦而進，遇緬兵於瑞羊嶽，擊敗之。緬城三面阻江，惟一面通陸。

自文選還後，并鑿之引水爲湖，留隄三匝，置木城其上。定國抵南噶喇江爲浮橋以濟，使人諭緬出永明王，即回兵。緬酋不聽。乃進屯洞怕，離緬城八十里。文選屯象腿，離緬城百一十里。緬人於木城之外更立木城，出兵守之。明日，木城兵復前另立木城以守，城内復出兵守舊木城，步步而前，漸與定國營相近，乃大出兵與定國戰，前隊皆象，定國戰不利，趣文選赴援，合力死戰，大敗緬兵。天炎士渴，不能追，緬仍入城以守。定國獲緬目，不殺，善待之，諭令還永明王，終不聽。謀渡江向赭硜，前洞武船皆已藏匿，使其下赴馬得狼井角造船。其下自相攻殺，俱出降。復使人守江橋，亦皆焚橋走。定國計益窮。

五月，緬酋弟弑其兄，自立，盡殺從官馬吉翔等四十二人。定國以十六舟渡江擊緬，不勝，覆其五舟。

八月十八日，與白文選俱引還洞武。五日至黑門坎，文選軍在後，其下勸之分兵出雲南，且以賀九義事動文選，遂引而北。定國覺，使其子嗣興隨文選以觀去向。文選部下勒兵回向嗣興，嗣興怒，欲勒兵迎之。定國遽使召嗣興還，曰：「吾弟兄數十人，今惟存若與吾耳。何忍更相戕？吾前所以使爾隨之者，冀其悔而復回，仍與吾併力也。既勒兵相向，念已絶矣。任彼所之，吾自盡吾事可耳。」遂率所部東向九龍江而進。文選北行，遇吳三省，留屯錫泊。大兵至，復走茶山。馬寶等追及之，遂出降。而緬亦竟獻永明王於軍前。定國在九龍江聞報，東走景線。

壬寅五月，至猛臘，士馬死亡日衆，定國乃置醮，自述生平所爲，如天命已絶，願速死，毋徒苦衆人。未幾而雲南四月二十五日之信亦至，定國遂病，以六月二十七日卒於軍。八月，子嗣興自慢怯降，與劉文秀子震、艾能奇子承業俱入京受世職。孫可望死，其子襲王封，一代後亦降爲公。

附録

清《四庫全書總目》卷五十四《見聞隨筆提要》

《見聞隨筆》二卷，國朝馮甦撰。甦有《滇考》，已著録。是編首載李自成、張獻忠傳，次敘永明王竊號始末，次載何騰蛟、堵允錫、瞿式耜、張同敞、陳子壯、張家玉、陳邦彦、李元允、李乾德、楊展、王祥、皮熊、楊畏知、沐天波、李定國十五人傳。蓋時方開局修明史，總裁葉方藹以甦久宦雲南，詢以西南事實。因摭所記憶，述爲此編，以送史館。毛奇齡分纂《流寇傳》，其大略悉取材於此。以視稗野之荒誕者，較爲確實，然亦不能一一詳備也。

民國甲寅重修《湧泉馮氏族譜·司寇公傳》[一]

公諱甦，字孟成，又字再來，號蒿庵。生八月而孤，有異表，目重瞳。六歲能屬對，成童，應郡邑試輒前列。明年赴督學試，遂冠軍多士。在黌序，益淬勵，至丁酉、戊戌聯捷兩闈，釋褐永昌司理。永昌遠在徼外，母戴太淑人年已逾艾，不忍離，欲棄官。太淑人曰：「爾父九泉望爾者爲何？我尚健，與爾偕往。」乃之任。適征緬甸旋師，更遇洊饑，公力請發騰越積粟分賑之，全活無算。郡中子女向爲張獻忠黨孫、李諸賊驅掠，陷身彝洞者，公勸諭彝目，咸得縱歸。秩滿，遷澂江貳守，管府事。時吴三桂已封平西王，開府于滇，藩下將校牧馬各郡，僨民甚，公斥之，無敢犯境。又藩符歲下諸郡市荳麥，給半價，倍其斗斛，又令輸至會府。公歎曰：「民如是枯槁死矣。苟活民，太守焉避譴？」竟禁革其横行，能聲愈著。晉守楚雄，臺憲咸倚重之，兼攝大理府及臨沅泉司諸篆。所至有惠政，讞獄尤多平反，遠近稱神。

癸丑，逆藩謀寖露，公亟請終養，格于年例，乃潛屬侯淑人奉太淑人東歸。亡何難作，執公至省，并追太淑人暨家屬還。太淑人憤恨致疾，抵滇，越宿而逝。公一慟幾絶，勺水不進者數日。逆藩素重公才，欲致公，環甲以守，公從容誓死。時友人乘間語公曰：「徒死不能爲朝廷滅賊，復捐母櫬于異域，于忠孝均無當。今粤藩雖與逆通，然勢不相下，盍留此身以權變于其間乎？」公悟，乃紿逆，願以妻孥質，往使粵。逆信之，既至，遂説粵藩以挈全粵以歸朝廷。上嘉其忠，超遷廣東巡撫。公悉心運籌，不數月，疏凡幾十上，皆封疆大計。陞刑部右侍郎，尋轉左侍郎。嘗侍經筵應制賦詩，稱善。在比部，務寬厚，凡有條奏，上皆嘉納。

庚申，大兵入滇，逆臣授首，淑人携子奉太淑人櫬還。公亦陳情，奉旨歸葬，途會于蕪湖。辛酉，扶櫬抵里，合葬于贈公之墓。忠孝于此兩無憾矣，遂高卧不出，顔其堂曰「知還」，亭曰「芳敘」。日以詩文自娱，或偕二三老友遨遊台、蕩間，與群從兄弟友愛如同懷，歲時則會敘于亭上。延名師以教誨子姪，位亦蒙其澤焉。

季叔巽五公年高，適于鄉，則月奉果餌之資，推而殺之[二]，以及内外親莫不有恩相及。重建小宗祠之妥先靈，葺先世兩棹楔以光閭里。具筆札，遴書人繕成醒園。公修宗譜，以垂永久。延恩寺爲吾家祈禱之處，捐積俸三百金以建法堂，雖卜宅郡城，而居鄉之日恆多，親宗黨也。

生平著作，在家有《語石園集》、《帖括擬存》；在官有《滇考》、《見聞隨筆》、《劫灰録》、《南中集》、《南枝集》、《粵東奏議》、《撫粵日記》，又纂修《滇志》。歸里有《知還堂稿》、《三台文獻》、《鴞吟》、《家傳》、《雜稿》。康熙癸亥，更應郡守鮑公聘，纂修《台志》。其著述之富如此[三]。捐館，族人祔公于小宗祠。

【校勘記】

〔一〕此譜纂修於宣統庚戌到民國甲寅，即一九一〇至一九一四年間。

〔二〕案：「殺」字不可解，疑有譌誤，謹志備考。

〔三〕案：馮甦著述有刊刻和未刊刻者，據民國甲寅重修《湧泉馮氏族譜·内集詩·蒿庵公》注云：「諱甦，戊戌進士，刑部左侍郎。有《語石園詩》、《滇考》、《南中集》、《見聞隨筆》、《知還堂稿》梓行。」則其他數種尚未梓行者也。

民國《台州府志·馮甦傳》[一]

馮甦，字再來，號蒿庵，臨海人。（尤侗撰《傳》）明河東運使學易曾孫也。生數月而孤，母戴育之。幼奇慧，目有重瞳。（邵長衡撰《墓表》）年十三，應僮子試輒冠軍。順治十四年舉於鄉，明年成進士。（尤《傳》）十八年除永昌推官，會歲飢，請於督撫，發騰越積餉分振之，全活無算。郡遭賊，民子女多陷夷島，甦出金賂夷目，得縱歸。（《墓表》）郡報施甸、鳳溪二司增賦數千石，甦力言不可，得中止。西藩開釁水西，誣同知羅某通寇，沈獄久，甦雪其冤。陞澂江知府，藩下放馬擾民，購豆麥半給其價，而斗斛加倍，多至破産，甦詣省請罷去。（《康熙志》）調守楚雄，兼攝大理、雲南、臨沅諸道及按察司篆，所至有聲。未幾而逆藩之變作。

先是，甦策吴三桂必反，以終養請，格於例，不果，乃遣家屬奉母歸。三桂偵知之，追執回，母驚恚卒。拘甦僞都督署，防守甚嚴。既而知粤藩尚之信雖變，與三桂通，然勢不相下，方議遣使往。甦請以妻子爲質，往使粤，三桂不疑，遣之。甦至粤，共謀歸國，間道達蠟書，上嘉其忠悃，詔優敘，廷議陞廣東布政使，特命遷巡撫。撫廣十餘月，前後條上軍民利便積八十餘疏，多見施行。内陞刑部右侍郎，（《墓表》）逾年轉左侍郎，讞獄多所平反。上嘗清理刑獄，語大學士李霨、杜立德、馮溥曰：「馮甦品望才情，遠出魏象樞之右。」命侍經筵。康熙十八年殿試，讀卷乾清宫，應制賦詩，甦首就進呈，上更稱善，傳示公卿交閱。侍講施閏章贈詩，有「受詔近傳新句好，親承天寵與深論」之句。二十年，大兵進滇，請勅行。問將軍、督撫查發甦母櫬、眷屬，抗疏陳情，歸，遂不出。

甦六歲能文，長益篤學，凡天文、輿地、河渠、樂律以及詩、古文辭，靡不究。解組歸，日以詩文自娱，著有《滇考》、《見聞隨筆》、《劫灰録》、《撫粤日記》、《奏議》、《語石園稿》、《南中集》、《知還堂稿》。在滇時，嘗修省郡各志。歸田後，又纂有《台州府志》。

弟篆，字孟水，號赤文，幼喪父，奉母色養兼至。鼎革後，賦役繁重，宗族竄伏異地，篆爲清理招來之。省兄粤東，制府器其才，檄署潮陽丞，尋改肇慶通判。著有《嶺南草》。（《康熙志》）

甦子永年。永年，字譽仲，一字硯貞，號松巖，附貢生。以分理高寶諸隄功，保河務同知，入爲戶部福建司員外郎。嚴御群掾，遷工部都水司郎中，督理京畿街道，五城四舍，多礙渠路，豪右曲庇之。永年申誡保甲，人不敢犯。尋提督琉璃窰廠，清理預支、壓欠諸弊，顧終以諸工破冒，不能裁抑爲憾。因奏記於堂，縷陳舊日陋例四條，分司以不便於己，相率大譁。及兩河事敗，法司會勘，分司誣永年曾納渠魁餽，訊無左驗。事既白，有以需時勸留者，笑謝之。宗伯許汝霖餞以詩，有「十載賢勞成底用，一時公論竟誰憑」之句。永年遇事慷慨，然不爲厓岸，雖接賤卒，無倨傲態。著有《松巖存稿》。（《康熙志》）

篆子尹年、望年，俱有文才。（《三台詩録·傳》）尹年，字伊仲，號雙厓，詩筆清華，爲文蒼古俊逸，書法似董其昌。知府張聯元聘修郡志，總兵吴開延入幕府，爲司箋奏。以歲貢終。（洪蒙煊《臨海續志稿》）著有《遂多草》十卷。（《臨海著録考》）

【校勘記】

［一］據民國喻長霖纂《台州府志》卷一百十《人物傳》十一《馮甦》點校。

民國《臨海縣志·馮甦傳》[一]

馮甦，字再來，號蒿庵，明陝西運使學易曾孫也。祖元鼎，性至孝，有文名，三十而卒，著有《缶鳴編》。伯父繩祖，與其父繼祖，少奉母陳教，皆力學能詩文。已而繼祖卒，繩祖撫其遺孤甚篤，善事母，慷慨好詩文，工米南宫書法。不得志，縱飲長歌，年四十一卒。著有《窺園草》、《蛙鳴草》、《琴山雜詠》。繼祖，字起甫，著有《寒吟録》，以甦貴，贈侍郎。

甦幼奇慧，目有重瞳，六歲能屬文，長益篤學。（《府志》）以明季諸生中順治丁酉舉人、戊戌進士，除永昌推官。會歲飢，語於督撫，發騰越積餉分振之，全活無算。郡遭賊，子女陷入夷酋者，甦出金賂夷目，得縱歸。（邵長衡撰《墓表》）復請停施甸[二]、鳳溪二司加賦之議。時逆藩開釁水西，誣同知羅某通賊，沈獄久，甦雪其冤。陞澂江知府，藩下放馬擾民，購豆麥半給其價，而斗斛加倍，民病之。甦詣省啟曰：「民爲邦本，公西南大藩，忍朘削以釀亂乎？」竟止。（《府志》）調守楚雄，兼攝大理、雲南及臨沅道按察司諸篆。（《墓表》）景東府三人被殺，盜不獲，窮究，知爲逆藩固山陳理，竟置重辟。（趙士麟撰《傳》）未幾而逆藩之變作。

先是，甦策吳三桂必反，以終養請，格於例，不果，乃遣家屬奉母歸。三桂偵知之，執回。（《墓表》）以甦爲僞廣東巡撫，（《逆臣吳三桂傳》）母驚恚卒。（《墓表》）甦念母死無所顧慮，（《府志》）通款於簡親王軍。康熙十六年六月，尚之信奏：「馮甦不忘國恩，協謀歸正。」遂授甦爲廣東巡撫。（《吳三桂傳》）撫廣十餘月，前後條上軍民利便積八十餘疏，多見施行。（《墓表》）以傅宏烈奏，授甦刑部侍郎，令來京候補。十七年十二月爲右侍郎，十八年轉左，（《吳三桂傳》）讞獄多所平反。上嘗清理刑獄，語大學士李霨、杜立德、馮溥曰：「馮甦品望才情，遠出魏象樞之右。」命侍經筵。十八年殿試，讀卷乾清宮，應制賦詩，甦首就進呈，上更稱善，傳示公卿。施侍講閏章贈詩，有「受詔近傳新句好，親承天寵與深論」之句。二十年，大兵進滇，召問機宜。因請敕行，間將軍、督撫查發甦母櫬、眷屬，抗疏陳情，歸。

甦優於智略，而著述尤富，凡天文、輿地、河渠、樂律以及詩、古文辭，靡不究。解歸田後，顏其堂曰「知還」，亭曰「芳敘」，日與友人觴詠其中。著有《滇考》、《見聞隨筆》、《劫灰録》、《撫粤日記》、《奏議》、《語石園稿》、《南中集》、《知還堂稿》。在滇時，嘗修省、郡各志。退休林下，又纂有《台州府志》，復爲《台考》一卷。

弟纂，字孟水，號赤文。幼喪父，奉母色養兼至。鼎革後，賦役繁重，宗族竄伏異地，纂爲清理招來之。省兄粤東，制府器其才，檄署潮陽縣丞，尋改肇慶通判。著有《嶺雲草》[三]。（《府志》）

甦子永年。永年，字譽仲，一字硯貞，號松巖，附貢生。以分理河務功，題授河務同知，改戶部福建司員外郎。嚴御群掾，遷工部都水司郎中。尋命督理京畿街道，申誡保甲，復肆舍之礙渠路才。又奉命提督琉璃廠，句稽彈駁，清理預支、壓欠積弊，分司以不便於己，相率大譁。及兩河事敗，法司會勘，分司誣永年曾納渠魁餽，訊無左驗。事得白，有勸留輦下者，笑謝之。許宗伯汝霖餞以詩云：「十載賢勞成底用，一時公論竟誰憑？」著有《松巖存稿》。（節《府志》，馮氏《詩内集》作《拙宧吟》、《白雲庵稿》）

篆子尹年、望年，俱有文才。（《三台詩録·小傳》）尹年，字伊仲，號雙崖，詩筆清華，爲文蒼古俊逸，書法似董其昌。張太守聯元聘修郡志，總兵吴開延入幕府，爲司箋奏。以歲貢終。（洪蒙煊《續志稿》）著有《遂多草》十卷。（《臨海著録考》）

【校勘記】

［一］據民國何奏簧纂《臨海縣志》卷之二十《人物·宧業·馮甦》點校。

［二］施甸：原作「施旬」，當係形近而譌，據民國《台州府志·馮甦傳》改。

［三］嶺雲草：《台州府志·馮甦傳》作「嶺南草」。

清毛奇齡《西河集》卷二十三《箋》十六《馮甦》

王師下浙東時，台州馮甦爲亂兵所殺，視同時見殺有未絶脰者，魂憑之甦，因名甦，字更生，别字再來。丁酉戊戌聯中式，今見守永昌焉。

清阮元《兩浙輶軒録》附刻馮甦小傳[一]

馮甦，字再來，號蒿庵，臨海人，順治戊戌進士。由永昌推官歷官至廣東巡撫，晉刑部左侍郎，著《蒿庵詩鈔》。杜臻《墓誌》略曰：「康熙己未殿試，少司寇充讀卷官，竣事，上賜茶乾清宫，命與少宰張繡紫、少司馬孫作庭等各賦詩。少司寇詩先就，有『還看景運息戈鋋』之句，上諭『鋋』字稍生，少司寇伏奏云：『因杜有「戈鋋明雪色」語，後人相沿押用。』上復論險韻排律用之不妨，律詩似宜他擇。即面奏改云『定有鄒枚供視草，還看房魏畫凌煙』。上首肯稱善[二]。既出，同官盛傳誦。施侍講愚山有句云：『受詔近傳新句好，親承天寵與深論。』蓋指此也。諸錦曰：『馮公守瀓江，會滇藩構逆，公力抗不屈，被縶，後以計紿逆，至廣，用蠟書挈全粤地歸朝。』帝嘉其忠，授粤東開府。王師入滇，多用其策，逆氛以靖。」

【校勘記】

[一]清嘉靖刻本《兩浙輶軒録》卷一《阻閘次韻》詩下有馮甦小傳，今據録。

[二]馮甦於乾清宫與皇帝論詩一節，《三台詩録》亦記之，文字略同。唯「杜」作「杜甫」，意更明確也。謹附記以備考。

清康熙皇帝勅諭都察院右僉都御史馮甦[一]

兹命爾巡撫廣東等處地方提督軍務，兼管糧餉鹽法，駐劄廣州府，專理該管地方，舉劾文職賢否、糧餉刑民一切民事。爾宜宣布德意，撫安人民，約束衙門員役，使之恪遵法紀，毋致作弊生事，擾亂兵民，操練兵馬，修濬城池，設立水寨，詢訪民瘼，禁戢奸頑。其掌印都司、行掌印都司、屯局都司、僉書、衛守備、守禦、所千總、衛千總、經管錢糧，仍照舊聽爾統轄。所屬地方應徵應免錢糧，皆照戶部題過新定經制遵行曉諭，仍細加體察。如有司各官朦朧重收，借端科派，參奏處治，嚴飭所屬，察解逃人。如遇地方寇賊生發，即會同總督、提督、總兵官計議，統率將領戮力剿滅，務盡根株。禁止奸民，不許出海勾引，預加哨探，嚴行堵禦，毋致一賊登岸。廣設方略，撫順剿逆。倘已降掠，仍即剿捕。凡地方利弊，有可蘇息民命，振飭維新者，逐件條奏，請旨施行。地方備儲之計如常平社倉等事，責令有司力行修舉。

福建地方海道相通，若賊勢蔓延，亦要會同應援，協力共濟。境內逃丁荒糧，責成道府轉行有司，從實察核，造册開報應蠲豁者，奏請蠲豁。一面曉諭招徠，勸課農種，嚴禁濫徵侵佔，使民人樂業，毋容有司將見存人戶概派包賠，以致重累黎民。所屬司道以下各官果有真心任事，廉能著效者，即據實舉薦。如粉飾欺僞，貪酷殃民，庸懦溺職者，不時參奏。副將以下武職，聽爾節制，併各衛所漢土官兵，亦聽節制，防守地方，剿禦賊寇，提調兵馬，舉劾武職賢否。一切軍務，俱會同總督、提督酌行。如有武官騷擾地方，擾害良民，縱兵搶掠及隱匿賊情不報等事，聽爾會同總督、提督糾參，從重治罪。爾仍聽總督節制。

勅中開載未盡事宜，聽爾詳酌施行。年終將行過事蹟及兵餉錢糧造册送部察考。

爾受兹委任，須持廉秉公，殫心竭力，以副委任。如怠玩廢弛，貪黷乖張，貽悮地方，責有所歸。爾其慎之！故諭。

康熙十六年六月二十八日。

【校勘記】

［一］本文録自馮甦《馮再來雜文》，清鈔本，書法精湛。此勅書爲康熙皇帝任命馮甦爲廣東巡撫之委任書，對於瞭解馮甦身處順逆大節關頭及其後來堅決辭榮還鄉之舉，均有重要之意義。